Erläuterungen und Dokumente

Johann Wolfgang Goethe
Urfaust

Von Ulrich Gaier

Philipp Reclam jun. Stuttgart

Goethes *Urfaust* liegt unter Nr. 5273 in Reclams Universal-Bibliothek vor. Die Seiten- und Zeilenangaben im Kommentar beziehen sich auf diese Ausgabe.

Universal-Bibliothek Nr. 8183

Gesamtherstellung: Reclam, Ditzingen. Printed in Germany 1994

ISBN 3-15-008183-1

Inhalt

I. Kommentar

Nacht

vor 1 *Nacht ... gothischen Zimmer:* »Nacht« eröffnet dem Zeitgenossen Goethes drei Bedeutungsrichtungen: im Zusammenhang mit dem hochgewölbten Zimmer die »Finsternis« des Mittelalters, aus der sich der Gelehrte des 16. Jh.s zu befreien strebt (vgl. 47 f.); Nacht ist im Zusammenhang der Mondscheinschwärmerei (vgl. 33 f.) die Zeit der *Night Thoughts on Life, Death, and Immortality* (1742–45), mit denen Edward Young eine Welle der Melancholie über die irdische Begrenzung des Menschen in Europa ausgelöst hatte – der Mensch, »a worm! a god!« (vgl. 138–146), ist »prisoner of earth« und darf erst nach dem Tode auf höheres Leben hoffen. Das Streben aus der Nacht und das melancholische Bewußtsein seiner Vergeblichkeit, Aufbruchshoffnung des 16. und wehmütige Resignation des 18. Jh.s widersprechen einander auch in der Figur Faust und lassen die dritte, religiöse Bedeutung des Verhältnisses zwischen Fausts einsamer Lampe (vgl. 117) und der umgebenden Finsternis hervortreten (vgl. 1398–1402): das Verhältnis zwischen lichter Ordnung und finsterer Feuerwelt kehrt wieder zwischen Makrokosmos- und Erdgeist-Erfahrung; daß im Verlauf des ersten Szenenteils »die Lampe schwindet« (117), zeigt Fausts Weg in die Finsternis, in der Mephistopheles ihn erwartet.

Auch die Beschreibung des Zimmers als »eng«, »hochgewölbt«, »gothisch« enthält drei Perspektiven: »hochgewölbt« ist im heutigen Sinn spätmittelalterlich-gotisch; »gothisch« heißt für das klassizistische Geschmacksempfinden des 18. Jh.s schnörkelhaft, unübersichtlich, barbarisch; »eng« verschafft Faust und dem Zuschauer das »Kerker«-Bewußtsein, das im Stück dreimal bedeutungsvoll verwendet wird (vgl. 45, 546, Schlußszene).

vor 1 FAUST *unruhig auf seinem Sessel am Pulten:* Zur Figur Faust vgl. Kap. III. Beim »Pulten« ist an ein schräges Lesepult zu denken, auf das im Spätmittelalter die großformatigen Bücher gelegt wurden. Die Bemerkung »unruhig auf seinem Sessel« nimmt Widersprüche im Verhalten Fausts in der Szene vorweg: das Aufbruchstreben, der Ruf zur Flucht ins Weite (vgl. 65) wird nicht eingelöst, obwohl kein äußeres Hindernis da ist; der Fluch auf den einengenden »Bücherhauff« (49) wird über einem Buch vergessen (vgl. 66); Faust klebt auf seinem Sessel fest. Der bei »Nacht« angedeutete Widerspruch ist in Fausts Innern; was ihn an der alten Überlieferung festhält, ist gleich stark wie sein trotziges Streben, sich davon zu befreien: daher die »Unruhe«. Diese ist nun nach den Vorschriften der von Goethe benutzten Magier des 16. Jh.s die schlechteste, dem Experimentator und seinem Experiment schädliche Voraussetzung: in der Tat scheitern beide magischen Versuche Fausts, weil er es an den Vorbereitungen fehlen läßt und durch seine Unruhe – d. h. die widersprechenden Tendenzen zur Progressivität und traditionalistischen Rückständigkeit – das Gelingen stört.

1–3 *die Philosophey ... die Theologie:* die vier Fakultäten des höheren Universitätsstudiums. Das Bedauern über das Studium der Theologie kündigt an, daß Faust auch ein schlechter Magier sein wird, denn Magie sollte nicht Wissen statt Glauben, sondern Wissen durch Glauben verschaffen; Religionsstudien sollten dem Magier Ruhe und Gesundheit, Befestigung in der Wahrheit, Schutz vor den betrügerischen Mächten der Finsternis verleihen.

4 *Durchaus studirt:* bis zum Ende, vollständig.

7 *Heisse Docktor und Professor gar:* Durch akademische Prüfung und Berufung ist Faust zweifellos zur Führung dieser Titel berechtigt. Was den Widersinn für ihn darstellt, ist angesichts seines Nicht-Wissens die Bezeichnung eines Wissenden (»Docktor« von lat. *doctus* ›gelehrt, wissend‹) und die institutionelle Erwartung an das Amt des Professors, Wissen zu verkünden. Heinrich Cornelius Agrippa

von Nettesheim (1486–1535), einer der Gewährsleute Goethes in Sachen Magie, schrieb ein Werk *De incertitudine et vanitate scientiarum atque artium* (1530), das Goethe schon als Kind studiert hat; in diesem Gelehrten, der Goethes Faust einige Züge geliehen hat (z. B. Mephisto als Hund des Magiers), war also die Verbindung zwischen dem Ungenügen an dem Wissen der akademischen Disziplinen und der Hinwendung zur Magie (die allerdings auch in *De incertitudine* pflichtgemäß kritisiert wird) schon vorgezeichnet, wie übrigens auch in Paracelsus, einem zweiten wichtigen Gewährsmann Goethes.

11 *Und seh daß wir nichts wissen können:* Der Satz geht über die Tradition der christlichen Skepsis, wonach unser Wissen Stückwerk und kinderähnlich ist (vgl. 1. Kor. 13,9–13), hinaus und ist in seiner Absolutheit logisch selbstwidersprechend. Die Formulierung zeigt die Verzweiflung darüber an, nicht aus eigener Kraft ein absolut geltendes, objektiv wahres Wissen erlangen zu können. Wenn Faust die Grenzen der menschlichen Gattung (»wir«) erkannt hat und mit Hilfe der Magie sie dennoch zu durchbrechen sucht, so wiederholt er damit die trotzige Erhebung Luzifers. Sieht man das Erkenntnisproblem im Zusammenhang der Versuchung Adams mit der Frucht der Erkenntnis des Guten und Bösen, so erscheint die Stelle als Form der Versuchung des modernen Menschen: hier gibt es nicht mehr das Verbot, die äußere Einschränkung des Erkennens; aufgrund der durch Adam erworbenen Erkenntnis hat der moderne Mensch die Grenze seines Erkennens in der Bedingung seiner Existenz als Mensch selbst entdeckt. Auch die Schlange des Paradieses ist überflüssig geworden; die Versuchung brennt als Verzweiflung über diese Beschränkung schon im Herzen und ist damit zugleich Strafe für die ohnmächtigen Versuche der Überschreitung der eigenen Existenz. Der moderne Mensch scheitert an den Bedingungen des Menschseins selbst: *Faust* ist in diesem Sinne die konsequenteste und umfassendste der modernen Tragödien. Sie beginnt deshalb

monologisch; der Dialog spaltet das absolute Subjekt und ist zugleich Versuchung der Selbstüberschreitung und Leiden an ihrer Vergeblichkeit, da es sich dabei doch nur wieder um Menschen handelt – Wagner, Mephisto, der Schüler sind in diesem Sinne als Abspaltungen des umfassenden Subjekts (»Faust«) zu verstehen.

14 *Schreiber und Pfaffen:* stehende Formel für Juristen im öffentlichen Dienst und Geistliche.

15 f. *Mich blagen keine ... Höll noch Teufel:* Die Unberührtheit im Gewissen (Skrupel), in der Erkenntnis (Zweifel), in der Seele (Furcht) bezieht sich nur auf äußere Beeinflussung; der universale Zweifel (11), an dem er nicht mehr zweifelt (15), plagt ihn allerdings beträchtlich (12). Die Unerschütterlichkeit der Ver-zweiflung bedeutet aber, daß er weder Glaube noch Hoffnung noch Liebe, die aus der demütigen Berührtheit des Gewissens und der Einsicht in die Unzulänglichkeit des Erkennens und der Furcht Gottes erwachsenden paulinischen Tugenden, haben kann (vgl. seinen Rekonstruktionsversuch 540–542). Das trotzige Sich-Verschließen in seine Verzweiflung bei gleichzeitigem Streben über sich selbst hinaus entspricht dem ursprünglichen luziferischen »Undank« (vgl. Kap. V,10); Faust trägt also das Teufel-Element Mephistopheles hier noch in sich.

17 *all Freud entrissen:* Freudlosigkeit ist Zustand der Gottverlassenheit, denn »Reich Gottes ist Friede und Freude in dem heiligen Geist« (Röm. 14,17); scheiternde Versuche der Erlangung von Freude vgl. 83 und 1411.

21 f. *Auch hab ich weder ... Herrlichkeit der Welt:* Fausts Unzufriedenheit bezieht sich auch auf gesellschaftliche und materielle Belange; dabei geht sein Streben, wie oben auf absolute Erkenntnis, so hier auf absolute Macht, denn »Herrlichkeit der Welt« spielt an auf die Versuchung Jesu, dem »alle Reiche der Welt und ihre Herrlichkeit« angeboten wurden, wenn er den Teufel anbete (Mt. 4,8). In Makrokosmos und Erdgeist sind solche Absoluta der Theorie und der Praxis verbildlicht.

24 *der Magie ergeben:* Unter Magie verstand man im 16. Jh. eine Vorform der modernen Naturwissenschaft, die sich insofern von den traditionellen Bücherwissenschaften – orientiert an den aus der Antike überlieferten Texten – unterschied, als sie nach dem Muster der Weisen (*Magi*) aus dem Morgenlande, die durch Naturbeobachtung, dem Stern von Bethlehem folgend, Neues gefunden hatten, sich durch Hypothese, Beobachtung und Experiment der verborgenen Gesetzmäßigkeiten der Natur zu bemächtigen suchten, um deren Kräfte z. B. zur medizinischen Heilung zweckmäßig einsetzen zu können. Unterschieden werden zunächst weiße und schwarze Magie; die erste versteht sich als eine Art Gottesdienst und wird wegen der Konkurrenz zu den magischen Praktiken der Kirche (Sakramente, Gebet) von dieser angegriffen; die zweite versucht ihre Ziele durch Anbetung böser Mächte und entsprechende Rituale zu erreichen. Unterschieden wird ferner spirituelle Magie und Dämonenmagie; die erste zielt auf die Veränderung und Steigerung des Magiers, der durch Konzentration, Meditation und Be-geisterung kosmische Kräfte in sich hereinzuziehen sucht, um dann z. B. telepathisch zu wirken, Menschen seelisch zu beeinflussen oder höhere Erkenntnisse zu erlangen. Die Dämonenmagie sucht die als Verkörperungen solcher Kräfte geglaubten Geister herbeizurufen und dem Magier dienstbar zu machen; hierbei spielen dann magische Objekte wie Bilder, Zeichen, Ringe usw. eine instrumentale Rolle, während sie in der spirituellen Magie nur als Konzentrations- und Meditationshilfen dienen. Die Dämonen werden in Hierarchien von den unmittelbar um den Thron Gottes stehenden sieben Geistern über die Engelsränge, Planetengeister bis herab zu den Elementargeistern in Erde, Luft, Wasser und Feuer vorgestellt; die Hierarchie der guten wird durch eine analoge von bösen kopiert, die sich in die magischen Beziehungen einzuschleichen versuchen; fester Glaube ist der einzige Schutz des Magiers bei seinem Kontakt mit übermenschlichen Mächten – Faust geht mit der denkbar schlechtesten

Voraussetzung an seine Experimente. Auch im 18. Jh. identifiziert der Magie-Kenner Goethe Weiterentwicklungen der alten Magie: spirituelle Magie sind die Experimente der Erziehung und Selbststeigerung durch Voraussetzung eines Ideals vollkommener Menschheit; dämonische Magie sind z. B. die Visionen des Geistersehers Emanuel Swedenborg (1688–1772), der von himmlischen Geistern über die Geheimnisse des Himmels und der Hölle informiert wurde. Verändert hat sich die Magie insofern, als im 16. Jh. die Kräfte und Dämonen als objektiv bestehend gedacht wurden; der Magier mußte sich also nach außen richten, um einen Dämon sichtbar zu beschwören oder um die kosmischen Kräfte in sich hereinzuziehen. Im 18. Jh. war nicht nur das Ideal ein vorgestellter innerlicher Zustand, dem man sich durch beständige Arbeit an sich selbst und durch Selbstbeobachtung anzuverwandeln suchte; Swedenborg berichtete auch, daß die Geister sich überhaupt erst durch seine Sinnesorgane und durch Benutzung seiner Sprache ihm zur Erfahrung brächten. In beiden Formen ist demnach die Magie des 18. Jh.s nach innen gerichtet, reflexiv, selbstbeobachtend und sich ständig über den eigenen Zustand Rechenschaft gebend, damit also der Magie des 16. Jh.s entgegengerichtet. Goethe benutzt beide historischen Ausprägungen der Magie; das Scheitern von Fausts Experimenten ist durch ihre Gegenläufigkeit bedingt: die »Progressivität« des Magiers aus dem 16. Jh., der dauernd auf seinen Zustand reflektiert, statt sich stumm auf sein Ziel zu konzentrieren (z. B. 77–93), die ›Rückständigkeit‹ des Magiers aus dem 18. Jh., der noch auf alte Weise einen Geist sichtbar beschwören will, obwohl ihm schon vorher das »Schauspiel« verleidet war (101), zerstören jeweils den Erfolg des Experiments.

25 *Ob mir durch Geistes Krafft und Mund:* Das »ob« zeigt, daß Faust noch kein praktisches Experiment in der Magie durchgeführt hat; Goethe stellt ihn (für den Kenner der Magie) sehr schülerhaft dar. – »durch Geistes Krafft« bezieht sich auf die spirituelle Magie (vgl. Anm. zu 24), mit

deren Hilfe er z. B. die Geheimnisse des Makrokosmos-Zeichens erschaut, indem er bei dessen Anblick begeistert wird; ähnlich spricht Goethe im *Lied des physiognomischen Zeichners* (vgl. Kap. V,9) von der »innren Schöpfungskraft«. – »durch Geistes ... Mund« bezieht sich auf die Dämonenmagie, wie sie bald am Erdgeist erprobt wird.

29–32 *Daß ich erkenne ... in Worten kramen:* Man beachte die Steigerung erkennen – schauen – tun: die Schau, aus der geistigen Transformation des Magiers in das Wesen des Geschauten ermöglicht, steht über dem Erkennen; sie gelingt Faust noch (vgl. 87). Zum Tun, das die Praxis (vgl. Anm. zu 21 f.) hätte ermöglichen sollen, reicht Fausts Vorbereitung, Kraft und Geduld nicht. Er hat auch kein klares Ziel für sein Tun (erst in *Faust II* wird er handelnd nach der »Herrlichkeit der Welt« streben); hier weiß er nur, daß er nicht mehr mit Worten Handel treiben (»kramen«) will. – Wirkungskräfte (31) sind die im Kosmos geglaubten Energien, von denen Sonnenlicht und -wärme die erfahrbarste war; man nahm aber auch von den andern Planeten (Sonne galt als Planet!) ausgehende Kräfte an, die spezifische Wirkungen ausüben konnten (vgl. Astrologie). Samen (31) sind in Formpläne organischer Wesen transformierte Ideen Gottes (heute würde man von genetischer Information reden), die sich der Materie bemächtigen und organische Körper daraus bauen. Was Faust schauen will, sind die später als Makrokosmos und Erdgeist verbildlichten ordnenden und generativen zerstörenden Kräfte des Kosmos. Mit »Würkungskrafft und Saamen« wird Agrippa von Nettesheim, *De occulta philosophia* I,5, zitiert, der in seinem Schöpfungsbericht in einer chaotischen Urmaterie namens »Terra«, aus der dann erst die Elemente, auch das Element Erde, entstehen, »omnium rerum semina seminalesque virtutes« (»die Samen und Samenkräfte aller Dinge«) enthalten sein läßt (*Magische Werke* I, S. 57 f.). Im »Schauen«, dem magischen Sich-Aneignen dieser Urformen und -kräfte, hätte Faust Verfügung über die göttlichen

Ideen und über die generativen und destruktiven Energien des Kosmos.

33–36 *O sähst du voller Mondenschein ... heran gewacht:* Der trotzig-verzweifelt in sich zusammengezogenen (Systole-)Haltung folgt hier in genauem Gegensatz in Ton, Versbehandlung, Richtung nach außen eine sehnsüchtig-schwärmerische (Diastole-)Haltung. »Zum lezten mal« (34) meint nicht etwa den Tod, sondern die veränderte Lage nach dem Gelingen der magischen Experimente. »Den ich . . . heran gewacht« (35 f.): Faust hat gewacht und gearbeitet, bis der Mond auf seine Bücher schien. Hier zeigt sich, entgegen dem 1. Abschnitt, ein Schimmer der Hoffnung (der Wunsch »O sähst du . . .«), der Liebe (38, 40), des Glaubens (an mögliche Gesundheit, 44).

41 *Um Bergeshöhl mit Geistern schweben:* Manche Höhlen galten in der Antike als von Dämonen besetzt, die um Orakel gebeten werden konnten. Bei Ossian, einem Kultbuch der Goethezeit (vgl. *Die Leiden des jungen Werthers* II), liest man vom »Ächzen der Geister« Verstorbener »aus ihren Höhlen«. Die Höhle eröffnet mit ihren Geistern, modern oder antik, Blicke in Zukunft oder Vergangenheit, die der systolischen Stimmung entsprechen. Für den ganzen Abschnitt 33–44 ist jedoch wesentlich, daß alles im hypothetischen Konjunktiv bleibt, Faust sich nicht von seinem Sessel rührt und deshalb ohne ›Gesundheit‹ gefährdet in seine magischen Experimente geht.

49–56 *Beschränkt ... eine Welt:* »Welt« (56) ist der Bezugspunkt aller dieser Bestimmungen (»beschränkt . . . besteckt . . . bestellt . . .«); vielleicht sind schon 46–48 darauf zu beziehen. – Auch Goethe pflegte unfertige Zeichnungen und Schriften mit Nadeln an die Zimmerwand zu heften. »Angeraucht« (52) ist das Papier durch den Qualm der Kerzen. – Nach dem Phantasie-Ausflug im 2. Abschnitt bringt das Ich die Weite als Ideal mit und flucht auf die Beschränkung, die aber im 1. Abschnitt Tendenz des Ich gewesen war: deshalb entsteht die Tendenz zur Spaltung des Ich (56).

57–64 *Und fragst du noch ... Todtenbein:* Hier ist die Spaltung eingetreten, das Sprecher-Ich redet sich mit »du« an, das Herz klemmt sich selbst, »inn in deinem Busen« (58) – überall die Doppelheit dessen, was systolisch und diastolisch zugleich Zentrum von Ich und Welt ist: das Herz, eine Zentralkategorie der 1. Szene (12, 57, 91, 125, 128). Goethe kannte die medizinische Lehre vom systolischen und diastolischen Puls des Herzens aus Friedrich Christoph Oetingers *Swedenborg*-Darstellung und -Kritik (1765), einem Buch moderner Magie und Naturphilosophie, in dem z. B. diese beiden Pulse mit dem Wirken der Zentrifugal- und Zentripetalkraft in Newtons Himmelsmechanik in Analogie standen. Es liegt deshalb nahe zu sagen, Faust erhalte hier erste Antwort auf die Frage, was die Welt (56!) »im innersten zusammenhält« (30): ein Herz, das aber nicht auf sich zusammengezogen existenzfähig ist, sondern der Systole diastolisch entgegenwirkt und hier bereits in Ich und Du gespalten auf sich selbst als systolisch-diastolisches reflexiv herunterblickt. Da die reflexive Spaltung nicht zugleich als solche erkannt und erfahren wird, geht der Puls weiter.

67 *Von Nostradamus eigner Hand:* Michel de Nôtredame (1503–66), französischer Astrologe und Leibarzt Heinrichs II. und Karls IX. Erhalten sind von ihm visionäre Weissagungen (*Centuries*, 1558), jedoch kein magisches Werk mit Zeichen, wie Faust sie betrachtet; allerdings soll er ja auch eine Handschrift, also ein unpubliziertes Unikat benutzen. Nostradamus als Decknamen für Swedenborg zu verstehen, wie mehrfach geschehen, ist wenig sinnvoll, weil Swedenborgs Visionen mit Zeichenmagie nichts gemein haben.

68 *Ist dir das nicht Geleit genung?:* Das Buch könnte »Geleit« auf dem Weg ins weite Land sein; da Faust aber »auf seinem Sessel am Pulten« sitzen bleibt, nimmt er es als Führung in eine theoretische Natur statt der wirklichen, läßt sich also von seinem »Bücherhauff« (49) wieder gefangen nehmen. Buch statt Natur, tradiertes Zeichen statt unmittel-

barer Erfahrung, das ist die erneute Einschränkung, die er seinem »Herzen« antut. »Natur« ist ihm damit auch nur in der gespaltenen, in verschiedenartige Zeichen von Makrokosmos und Erdgeist verfaßten Form zugänglich. Die für Faust konstitutive Selbstbehinderung des modernen Menschen (Progressivität und Rückständigkeit, vgl. Anm. zu: vor 1) zeigt sich hier im Vorziehen des Zeichens statt der eigentlich ersehnten unmittelbaren Erfahrung.

70–72 *Und wenn Natur ... Geist zum andern Geist:* Nach magischer Lehre reden die Geister untereinander nicht durch Worte, sondern durch Gedankenübertragung; Swedenborg berichtet, wie ihm »ein innerer Sinn aufgeschlossen wurde«, jedoch nicht durch »Natur«, sondern durch einen Akt göttlicher Gnade. Diesen Sinn übt und verfeinert er, wie auch Agrippa die Fähigkeit zur Gedankenübertragung aufgrund konsequenter Übung erweitert sieht. Wie Faust hinsichtlich des Geleits meint, Natur durch Kunst (Buch) ersetzen zu können, so meint er hier, Kunst durch Natur zu ersetzen. Die Absicht, aus einem magischen Buch astronomische (vgl. 69) statt wenigstens astrologischer Kenntnisse zu erwerben, zeigt im vorhinein eine Fehlerwartung an das Makrokosmos-Zeichen; hier nur am Geistergespräch teilnehmen statt z. B. magisch einen Dämon beherrschen zu wollen, zeigt die Fehlerwartung an den Erdgeist. Goethe stellt auf dem Hintergrund der Magien des 16. und 18. Jh.s Faust als Anfänger, als Zauberlehrling dar, der sich ohne Kenntnis, Vorbereitung und klare Zielvorstellung auf Gefährliches einläßt.

73–76 *Umsonst ... mich hört:* Nicht einmal die Natur-Unterweisung wartet er ab, sondern erprobt den Geisterkontakt unmittelbar. Auch das, was das Buch ermöglicht und was unbedingt Voraussetzung für magische Experimente wäre, nämlich genaues Studium der Zeichen, wird als »trocknes Sinnen« (73) abgelehnt: Faust läßt sich auf die Zeichen ein, ohne ihre Leistungsfähigkeit zu kennen, ohne genau zu wissen, was oder wen sie herbeirufen, was sie bewirken können. Wie sich zeigen wird, versteht er den Begriff »Erdgeist« falsch.

vor 77 *Zeichen des Makrokosmus:* Sowohl Makrokosmos wie Erdgeist sind als Gegenstände magischer Meditation und Beschwörung von Goethe erfunden. Makrokosmos bedeutet das geordnete Ganze der Schöpfung, während der Erdgeist sich als die schaffende und zerstörende Fülle und Kraft des Ganzen zu erkennen gibt (vgl. 149–156). Dieses Paar, das sich als geistig formender und organisch aufbauender/zerstörender Lebensaspekt zeigt, erschien bereits in Wirkungskraft und Samen, es erscheint u. a. in dem Begriffspaar von Ordnung und Fülle anläßlich Margaretes Zimmer (544 f., 554 f.), als Erkenntnis und Leben in der Schüler-Szene (433, 442). Fausts Zeichen lassen die beiden in vielen Metamorphosen abgewandelten Aspekte als kosmische Prinzipien erscheinen. Problematisch ist dabei ihre Trennung, die durch die zeichenhafte Repräsentation einer einheitlichen kosmischen Natur notwendig gemacht wird. So entsteht Fausts Ungenügen an beiden Zeichen: angesichts der Erkenntnis fehlt ihm die Fülle (102), angesichts der Lebensfülle mangelt ihm das Begreifen (159). – Unter dem Makrokosmos-Zeichen hat man sich nicht etwa ein informierendes Weltmodell vorzustellen, sondern ein magisches Meditationszeichen, wie etwa Rembrandt es vor den Augen seines später als »Faust« bezeichneten Magiers schweben läßt.

77–101 *Ha welche Wonne ... ein Schauspiel nur:* Agrippa beschreibt vier Formen von Begeisterung, durch die der spirituelle Magier übermenschliche Erkenntnisse gewinnen und Kräfte in sich zu ziehen vermag. Die erste, »musische« Begeisterung ergreift Faust hier, und Goethe führt ihn genau nach Vorschrift (vgl. Kap V,3) die Stufen von der sinnlichen Befriedigung und Belebung bis zur siebten Stufe, wo der Geist bewundernd die »Schauspiele der Weisheit« genießt. Ganz gegen Agrippas Vorschrift ist, daß Faust ständig auf seinen eigenen Zustand reflektiert, denn Begeisterung hat ›Geistesabwesenheit‹ zu sein: Faust kommt nicht außer sich, sondern sucht dauernd bei sich zu bleiben. Deshalb fällt ihm 89–93 etwas nicht zur Sache Gehöriges ein; auch die absichtliche Beschauung des Zeichens (das 73 Versäumte!) läßt ihn den Faden nicht mehr finden. Er verfehlt deshalb den Aufstieg in den achten und neunten Grad dieser Begeisterung, die ihm genau die Beherrschung der Himmelskräfte, den Genuß des unendlichen Lebens verschafft hätten, die er 102–106 vermißt. Fausts Reflexion auf seinen Zustand ist aber Hauptinstrument der neueren Magie (vgl. Anm. zu 24): durch seine Progressivität stört sich der Magier des 16. Jh.s – oder, umgekehrt, wenn man Faust als Menschen des 18. Jh.s betrachtet: durch die Rückständigkeit seiner Zeichenmagie stört sich der Magier des 18. Jh.s.

85–88 *Die Kräffte der Natur ... vor meiner Seele liegen:* Mit dieser Schau ist bereits erfüllt, was Faust sich 31 wünschte; Wirkkräfte und Formideen (»in diesen reinen Zügen«) schaut er. Allerdings wird ihm dann bewußt, daß diese nur Abschattungen höherer Formen sind: »Himmels kräffte« (96) sind Planetenkräfte über den Naturkräften; über ihnen stehen aber nach Agrippa noch die sieben Intelligenzen um den Thron Gottes – nicht nur seine Begeisterung, sondern auch das darin erschaute Objekt ist unvollständig.

89 *der Weise:* Wen Faust zitiert, ist unklar; das Bild der Morgenröte ist im magischen Kontext traditionell. Die Empfehlung des Badens der irdischen Brust in der Himmelserscheinung der Aurora (92 f.) trifft in der Aufwertung der Leiblichkeit am ehesten auf Hamann oder Herder zu; letzterer hatte die Schöpfungsgeschichte der Bibel in der täglichen Morgenfrühe verwirklicht gefunden: »Komm' hinaus, Jüngling, aufs freie Feld [...]. Dies unnennbare Morgengefühl [...]. Es ist das Bild jenes Naturweisen [...] Morgenröthe« (*Älteste Urkunde des Menschengeschlechts* I,3; *Sämmtliche Werke*, hrsg. von Bernhard Suphan, Bd. 6, Berlin 1883 [Nachdr. Hildesheim 1967], S. 258 f.). – So interessant für Faust seine Entdeckung sein mag, daß in der »musischen Begeisterung« aus dem kör-

perlichen Wohlbefinden (79 f.) durch die spirituell magische Steigerung eine Beziehung zur Geisterwelt und ihren höheren Einsichten sich eröffnen kann, ja daß damit (sollte Herder der »Weise« sein) sich die Struktur der Schöpfung, Herders »Schöpfungshieroglyphe«, »das Bild jenes Naturweisen« erschließt – diese Entdeckung unterbricht den Stufenweg der Begeisterung, wie sie auch von der Magie Agrippas her falsch ist, denn bei diesem sind die sinnlichen Stufen nur die Vorstufen und müssen überwunden werden, während des »Weisen« Spruch gerade die Heiligung des Leiblichen intendiert.

94–100 *Wie alles ... das all durchklingen:* Im Beschauen des Zeichens, d. h. in der gedanklich geleiteten Betrachtung im Gegensatz zur intuitiven Schau, wendet er nun sogleich Herders Schöpfungshieroglyphe zur Analyse an, die nach dem Muster des siebentägigen Schöpfungsberichts in zwei aufeinanderfolgenden und einer übergreifenden Triade aufgebaut ist. Allheit – Ganzheit – organisches Wirken und Leben (94 f.) bilden die erste Trias, die auf antike Vorstellungen (Hippokrates) vom All als einer zusammen atmenden Ganzheit verweist. Auf- und Absteigen der Himmelskräfte setzt Raum- und Richtungsverhältnisse; die wandernden Eimer (deren Träger feststehen) implizieren Substanztransport zu einem Ziel; die beflügelten Wesen der sechsten Stufe sind wie die Eimerträger personifiziert, dringen aber wie Kräfte durch die Erde – die zweite Trias konstituiert in dem lebenden All-Ganzen Kraft, Richtung, Substanz, Ziel, Person, Gabe, Segen, damit auch Geber, Beschenkten, Segnenden und Gesegneten, kurz: materielle, menschliche und religiöse Verhältnisse. Nach dem antiken Zitat der ersten Trias werden nun biblisch-christliche Vorstellungen zitiert; einige Formulierungen gehen auf Franciscus Mercurius van Helmont zurück, der das Bild von der Jakobsleiter ebenfalls als Analogie zur Einwirkung der Himmelskräfte in die untere Welt benutzt hatte. Die siebte Stufe der Allharmonie, in der die Kräfte zugleich Instrumente, Klang und Klangerzeuger sind, bildet die Zusammenfassung der passiven ersten und der aktiven zweiten Trias und damit den Schluß der übergreifenden Trias. Zitiert wird die pythagoreische wie auch hermetisch-magische Vorstellung vom Kosmos als einem siebensaitigen Instrument oder als Klangkörper der sieben Planetensphären; hier werden also die antik-heidnische wie die christliche Sphäre in einer Sphäre aufgehoben, die nach Herders *Ältester Urkunde des Menschengeschlechts* (1774–76) beide Traditionen begründet hat und aus der auch die Schöpfungshieroglyphe selbst stammt. – Damit ist Faust in der Analyse des Zeichens zwar der vermutlichen Herder-Assoziation des »Weisen« gefolgt, hat aber die Agrippa-Begeisterung verloren, die ihm über den nun befriedigten Erkenntnisdrang hinaus Genuß und Macht über das Geschaute hätte verschaffen können.

102 f. *unendliche Natur ... Brüste ... Quellen alles Lebens:* Nahe liegt die Vorstellung vom Kultbild der »vielbrüstigen« Diana von Ephesus; Herder hatte gesagt: »Die Natur [...] kann als eine Mutter mit vielen Brüsten, noch viele Geister tränken« (*Über die neuere deutsche Literatur II*; *Frühe Schriften 1764–1772*, hrsg. von Ulrich Gaier, Frankfurt a. M. 1985, S. 360). Im Blick auf den späteren *Faust II* ist aber auch schon die Vorstellung der »Mütter« denkbar, für die es in der magischen und mystischen Literatur Vorbilder gibt.

vor 107 *das Zeichen des Erdgeistes:* Auch der Erdgeist ist eine Schöpfung Goethes, wiewohl aus der hermetisch-magischen Literatur entwickelt. Der Geist bestätigt Faust, daß er ihn nicht begreift, wenn er ihn als »seinesgleichen«, als »geschäftig« versteht und erschüttert ist, daß er »nicht einmal« diesem Geist gleiche (vgl. 148, 158, 164). Offensichtlich hat er unter dem Namen »Erdgeist« einen »Sylphen« vermutet, einen z. B. von Paracelsus beschriebenen, im Element Erde für Wachstum und die dort verborgenen Reichtümer sorgenden geschäftigen Geist. Später scheint er seinen Fehler durchschaut zu haben; er ruft ihn »du unendlicher Geist« und »Groser herrlicher Geist der du mir zu erscheinen würdigtest« (»Nacht. Vor Gretgens Haus« 15 f., 38 f.). Der Erdgeist selbst stellt sich als die schaffende und zerstörende Lebensmacht des Kosmos überhaupt vor (vgl. 149–156). Das Problem, warum dieser Schöpfergeist »Erdgeist« heißt, löst sich durch den schon zitierten Ausspruch Agrippas (vgl. Anm. zu 29–32), wonach die chaotische Urmaterie, die »Grund und Fundament« aller Elemente und der aus ihnen bestehenden Dinge ist, wie das Element Erde den Namen »Terra« trägt. Über diese Urmaterie, diesen zunächst ungestalteten Körper der Welt, ist z. B. nach Anschauung des Paracelsus als Herrscher und Regierer ein »lebendiger Geist geschaffen worden, welcher aus dem corpus und durch das corpus seine Wirkung vollbringt, – was Gott in das selbige verordnet hat« (*Philosophia sagax* I, 2; *Werke* III, S. 47 f.). Nach Auffassung der Magie ist dieser Spiritus mundi Apollo oder Jupiter (Goethe hat für Aufführungen des *Faust* Apollo- oder Jupiter-Bilder zur Darstellung des Erdgeistes empfohlen). Dieses schaffende und umschaffende Prinzip enthält Aufbauend-›Gutes‹ und Zerstörend-›Böses‹. Da Faust sich ihm ohne Glauben und mit mangelnder Vorbereitung und Kenntnis nähert, ist der Teil, den er vom Erdgeist begreift, nur ein elementarer Erdgeist, ein Sylphe, dessen sich dann der Teufel zur Erscheinung bedienen kann: Mephistopheles (vgl. Kap. III).

107–128 *Wie anders ... mein Herz dir hingegeben!:* Nach der »musischen« Begeisterung (vgl. Anm. zu 77–101) beschreibt Agrippa drei weitere Begeisterungen, die Faust hier offenbar nacheinander durcheilt. 108–110 zeigen die Begeisterung durch Dionysos (110), in der die Seele von göttlichen Geistern erfüllt wird, die ihre Gefährten werden (108) und sie durch Trieb und freie Beweglichkeit des Geistes (109) mit Glück, Weisheit und Zukunftswissen erfüllen. – 111–114 sind angeleitet durch die Apollo-Begeisterung: der »Weltgeist« erhebt die Seele über den Menschen hinaus und vereinigt sie mit himmlischen Geistern und Dämonen; er verleiht Mut: »Wenn die Seher von der Gottheit getrieben werden, so fürchten sie Nichts und scheuen sich vor Nichts« (vgl. Kap. V,3). Faust verhält sich wieder falsch; dauernd reflektiert er auf seinen Zustand (107, 109–111, 115, 118 f., 122, 126–128), vor allem verlangt er 124 vom Geist (den er nicht als Weltgeist vermutet) im Zustand einer über den Menschen entrückten Seelenverfassung eine Enthüllung und zieht damit gewaltsam seine Seele und den Geist in den Bereich des Sichtbaren herab, der dann natürlich durch diesen das Sichtbare überhaupt schaffenden Geist gesprengt werden muß (vor 130) – und dies nach seiner Verachtung des »Schauspiels« (101) und der Enthüllung der Naturkräfte (85)! – In 125–128 wird er noch von der Venus-Begeisterung ergriffen; sie »wendet mit glühender Liebe die Seele zu Gott, verwandelt sie und macht sie Gott durchaus ähnlich, gleichsam zu einem vollkommenen Bilde Gottes« (vgl. Kap. V,3). In seiner Hingabe (128) werden Herz und Sinne (125–127) verwandelt und erneuert. Um so sinnloser ist die verlangte sichtbare Erscheinung (nach Orpheus ist die Liebe dieser Venus-Begeisterung augenlos), um so mehr der Liebe entgegengesetzt der auf den Geist ausgeübte Zwang (129).

116 f. *Der Mond verbirgt sein Licht! / Die Lampe schwindet!:* Gegenbewegung zu 86; vgl. Anm. zu: vor 1 *Nacht*. Im Blick auf die Versuchungsthematik (vgl. Anm. zu 11, 21 f.) ist die Rede Bildads (Hiob 18, 5 f.) wichtig: »Und doch wird das Licht der Gottlosen verlöschen, und der Funke seines Feuers wird nicht leuchten. Das Licht wird finster werden in seiner Hütte, und seine Leuchte über ihm verlöschen.«

118–124 *Es zucken rothe Stralen ... Enthülle dich:* Parallelen zum Pfingstwunder (Apg. 2,2–4) und zu Moses, der die Herrlichkeit des Herrn sehen will (2. Mose 33,18–23). Die Lesart ›Faust als neuer Moses‹ ist besonders für den vollendeten *Faust* bedeutsam.

vor 130 *spricht das Zeichen* ... DER GEIST ... *in wiederlicher Gestallt:* Hier geht Faust zur Dämonenmagie über (vgl. Anm. zu 24), die dann auch dem Mephistopheles Eingang verschafft, da Faust nicht in Gottesfurcht seine Magie betreibt, sondern in Verkehrung und Unruhe (vgl. Anm. zu: vor 1 FAUST *unruhig* ...). Widerlich erscheint der Erdgeist, denn seine unendliche Herrlichkeit wird in eine endliche Erscheinungsform gezwungen und durch den verkehrten Blick verkehrt.

130 *Gesicht:* Vision, Pl. »Gesichte« (167).

132 *An meiner Sphäre lang gesogen:* Die Lehre von der Sphäre oder dem Wirkungskreis der Geister (und hervorragenden Menschen) stammt von Swedenborg und benennt das, was heute mit Ausstrahlung oder Charisma bezeichnet wird. Mit dieser Sphäre überträgt der Geist seine Ziele, Vorstellungen, Gedanken, Sehweisen, guten und bösen Intentionen auf andere. Mephisto wirkt so auf den Schüler, auf Faust, auf Margarete (vgl. Anm. zu 523). Wenn Faust sich durch seine magischen Experimente selbst einen Wirkungskreis verschafft, in dem sich die Sehnsucht, mit Geistern in Berührung zu kommen (25, 41, 75, 90, 108), als Kraft auswirkt, so »saugt« er an der Sphäre des Erdgeistes, der alle einzelnen Geister enthält. Daß Faust die Sphäre des Erdgeistes nicht erträgt (133), beruht nach Swedenborg auf der gegenseitigen Abstoßung des Verkehrten und des Guten (vgl. das Verhältnis Margaretes und Mephistos).

134 *erathmend:* Fausts Seele ist durch die Begeisterungen verwandelt und hat sich dem Spiritus mundi, dem ›Weltatem‹, angenähert, kann also versuchen, wie die Geister zu atmen. Um so schülerhafter ist sein Wunsch nach konkretem Sehen des Geistes. Seine Magie hat mehr ausgelöst, als er erwartet hat und verkraftet.

138 f. *Uebermenschen ... eine Welt in sich erschuf:* Die Venus-Begeisterung hat Faust über Menschenmögliches hinausgehoben und verwandelt (vgl. Anm. zu: vor 107); das Wort »Übermensch« entstand im 16. Jh. als Spottname für die Lutheraner. Eine Welt hat Faust durch die Rekonstruktion des Makrokosmos-Zeichens nach der Schöpfungshieroglyphe in sich erschaffen (vgl. Anm. zu 94–100).

146 *Wurm:* wiederaufgenommen durch Faust bezüglich Wagners (248), der auf seine trocken-methodische Weise den »Menschen« findet (233). – In ähnlichem Zusammenhang wird der Vergleich Mensch–Wurm gebraucht bei Hiob 25,4–6; ferner eröffnet sich hier ein erster Bezug zu Molières *Dom Juan*, der von Sganarelle ebenfalls als »petit ver de terre« (»winziger Erdenwurm«) bezeichnet wird (I,2; vgl. hier und im folgenden die zweisprachige Ausgabe, übers. und hrsg. von Hartmut Stenzel, Stuttgart 1989).

149–156 *In Lebensfluthen ... der Gottheit lebendiges Kleid:* Schon die antike Naturphilosophie (z. B. Vergil, *Aeneis* VI,724–751; *Eclogae* III,60 f.) konzipiert einen Weltgeist, Spiritus mundi, den die Hermetik und Magie tradiert und zu einer komplexen Lehre ausbaut. Der Weltseele gegenüber körperhaft, ihre Vorstellungen in organischer Materie verwirklichend, ist er gegenüber der Materie ein seelisch-geistiges Wesen. Er trägt deshalb den Zeugungs-, Lebens- und Herrschaftsnamen Jupiter und den Licht-, Ordnungs- und Harmonienamen Apollo: als Schöpfer und Ordner der Welt wirkt er »der Gottheit lebendiges Kleid«. »Weben« (151) bedeutet wie im Mittelhochdeutschen ›hin und her fahrend sich bewegen‹.

157 f. *die weite Welt umschweiffst / Geschäfftger Geist:* Unbeeindruckt durch die präzise Selbstvorstellung des Erdgeistes, bezeichnet ihn Faust als geschäftig, d. h. im 18. Jh. unbesonnen und unselbständig aktiv, auf der weiten Welt umherschweifend (so ist »umschweiffst« zu lesen). Wie in Anm. zu: vor 107 angedeutet, vermutet er offenbar einen dem Element Erde, »der belebenden und bewegenden Natur« (Agrippa) zugeordneten dienstbaren Geist. In diesem entscheidenden Mißverständnis rächt sich seine Voreiligkeit (vgl. Anm. zu 73–76) als Folge seiner konstitutiven Unruhe (vgl. Anm. zu: vor 1).

159 f. *Du gleichst dem Geist den du begreiffst, / Nicht mir!:* In voller, durch Selbstreflexion und Verkehrtheit nicht geschwächter Venus-Begeisterung (vgl. Anm. zu 107–128) müßte der Magier, über menschliches Maß hinaus gestei-

gert, hier in der Lage sein, »den Jupiter mit ganzem Herzen zu begreifen« (»capit toto pectore Jovem«; Agrippa, *De occulta philosophia* III,49; *Magische Werke* III, S. 292). Vgl. auch Joh. 1,5. Mit seinem Wort »Du gleichst ...« macht der Erdgeist nicht nur eine Mitteilung; sein Wort ist das eines schaffenden Geistes, also wirkendes Wort, das Wahres fest-stellt und bewirkt. Deshalb kann Faust später dem großen Geist vorwerfen, er habe ihn an den Schandgesellen Mephistopheles »geschmiedet«: wegen seiner Verkehrtheit kann Faust nur einem Geist der Verkehrung gleichen; die Verkehrung ist aber der hier schon längst wirkende Fehler Fausts.

163 f. *Ich Ebenbild der Gottheit ... nicht einmal dir!:* Faust beruft sich darauf gemäß der Schöpfungsgeschichte, ohne allerdings Adams Fall einzurechnen. Weniger hybrid Mephistopheles (444). Wegen des Mißverständnisses, er habe es mit einem ganz untergeordneten Geist zu tun, ist Fausts Vernichtung schlimmer, als er es tatsächlich verdient.

165 *Famulus:* Assistent.

166–168 *Nun werd ich tiefer tief zunichte ... stören muß:* Die schon fälschlich übertriebene Tiefe seiner Vernichtung scheint ihm hier wegen der wiederum fälschlich angenommenen Verächtlichkeit Wagners noch »tiefer« zu gehen. Ein wenig von Wagners methodischer Trockenheit hätte bei Faust die Leichtfertigkeit vermieden, wegen der seine beiden magischen Experimente gescheitert sind. Wagners »Schwärmerei«, seine spekulative Kühnheit, wird sich in seinem rasanten Flug durch drei Jahrhunderte Gelehrsamkeitsgeschichte bewähren – Faust ist allerdings nicht derjenige, der irgend jemand Schwärmerei vorwerfen dürfte. Seine höhnische Kritik wird durch seine eigene Schülerhaftigkeit in der »Schwärmerei« von vornherein suspekt. – »Fülle« der Gesichte bezieht sich nicht auf die Menge, sondern die umfassende Vollständigkeit der Visionen.

vor 169 WAGNER ...: Dieser Assistent gehört schon zur Faust-Sage; 1593 erschien das erste Wagner-Buch, das ihm ebenfalls magische Fähigkeiten und Gewalt über einen Dämon zuschreibt. Schlafrock und Nachtmütze machen ihn lächerlich; auch wegen Fausts höhnischer Urteile hat man ihn bisher meist so verstanden. Sein Erscheinungsbild mit der Lampe, die nach dem Verlöschen von Fausts Licht (vgl. Anm. zu: vor 1 *Nacht*) wieder Aufklärung bringt, erinnert jedoch an den Kyniker Diogenes, der auf offenem Markt mit der Lampe »einen Menschen« suchte (vgl. vor 605 und 656; »Kerker« 1); mit seinen sieben Reden artikuliert er überdies eine chronologisch von der Renaissance bis ins 18. Jh. führende Reihe von Gelehrsamkeitsinteressen, die den Menschen als Ziel haben: I (169–174) Der humanistische Gelehrte will ins Volk wirken, es durch das Wort der Offenbarung und der hohen Dichtung erneuern und reformieren. II (177–180) Der Gelehrte des beginnenden 17. Jh.s zieht sich in den vorurteilsfreien Experimentier-Raum seiner Wissenschaft zurück. III (193) Im 2. Drittel des 17. Jh.s sucht der gelehrte Polyhistor sein Wissen in barock-rhetorischer Manier gewinnbringend umzusetzen. IV (205–212) Ende des 17. Jh.s kommt die ›kritische‹ Methode der historischen Betrachtung antiker und biblischer Texte hinsichtlich ihrer Authentizität auf; sie erstreckt sich von da aus auf alle Überlieferung (vgl. Pierre Bayles *Dictionnaire historique et critique*, 1697). V (217–220) Die 1. Hälfte des 18. Jh.s war beherrscht von der »Querelle des anciens et des modernes«, dem Streit, ob man die Antike als Muster betrachten oder sich auf der Basis ihrer Errungenschaften eigene Ziele setzen solle. VI (233 f.) Die Frage nach dem Wesen des Menschen, seiner Erkenntnisfähigkeit, seines Daseins in Welt und Gesellschaft wurde Mitte des 18. Jh.s zum zentralen Wissenschaftsproblem. VII (243 f.) Die ›Beschwörung‹ des Ich, mögliches Thema von Wagners letzter Rede, ist als Problem der Selbstmagie und der (magischen) Projektion von Welt durch das Subjekt Thema des deutschen Idealismus. Auch diese sieben Reden sind nach der Herderschen Schöpfungshieroglyphe strukturiert: die drei ersten beziehen sich dialektisch auf das wirksame Wort, die drei folgenden reflexiv auf den Menschen und seinen Bezug zum Wort, zur Tradition, zu sich selbst. Die siebte Rede macht das Ich zum Wirkobjekt seiner eigenen Rede und verbindet die Triaden. Während Faust die Magien des 16. und 18. Jh.s vermischte und damit beide wirkungslos machte, stellt Wagner in methodischer Trockenheit auf eingeschränktem Gebiet eine historische Verbindungslinie her und ›schafft‹ mit Hilfe des göttlichen Denkbildes aus dem anfänglichen Wort den Menschen. Faust zeigt in seinen Zwischenreden jeweils skeptisch die Mißbrauchs- und Selbsttäuschungsmomente in Wagners Gelehrsamkeit auf und treibt ihn damit voran.

169 *deklamiren:* Deklamation ist die kunstvolle, die angenommene Rolle in der Akzentuierung nachahmende Rede des Schauspielers oder Rhetors.

174 *Ein Kommödiant könnt einen Pfarrer lehren:* Schauspielerei der Priester wird seit dem frühen Mittelalter beklagt; noch Lessing und Herder setzen sich mit Vorschlägen zur Unterrichtung der Prediger durch Schauspieler auseinander.

177 *Museum:* Ausdruck des 17., 18. Jh.s für die Studierstube des Gelehrten.

181 *Wenn ihrs nicht fühlt ...:* vgl. Horaz, *De arte poetica* 102 f.: »Wenn du willst, daß ich weine, mußt erst du selbst zeigen, daß du leidest.« Der Wenn-Satz 182–184 führt den Wenn-Satz 181 näher aus und hat als Hauptsatz »ihr werdets nicht erjagen«, nämlich die Welt (d. h. die Leute, ›le monde‹) zum Guten zu lenken.

185 *einweil: Faust I* ersetzt durch »nur immer«.

186 *Ragout:* Fleischmischgericht in pikanter Sauce zur Reizung des Gaumens (frz. *ragoûter*); Wort aus dem 17. Jh.

188 *aus: Faust I* hat »raus« und danach ein Ausrufungszeichen.

193 *Allein:* aber (vgl. 233).

196 *Schellenlauter Thor:* nach 1.Kor. 13,1 und der Schellenkappe der Narren.

197 f. *Und Freundschafft ... vor:* Wahlspruch Goethes und

seiner Straßburger Freunde; vgl. *Dichtung und Wahrheit* XI; HA 9, S. 483.

202 *der Menschheit Schnizzel kräuselt:* Cicero, *Brutus* 75, § 262, verspottet geschmacklose Geschichtsschreiber, die Einzelfakten (»der Menschheit Schnizzel«) mit Brennscheren lockig machen wollen.

205 f. *die Kunst ist lang . . .:* Aphorismus des Hippokrates, oft in der Formulierung Senecas: »Vita brevis est, longa ars« (*De brevitate vitae* I,1).

213 *Das Pergament ist daß der heilge Bronnen:* daß: das. – Faust spielt auf den großen Eidschwur der Pythagoreer an: »Nein, bei ihm, der unserem Geschlecht die Vierheit überliefert hat [d. h. Pythagoras], die die Quelle der ewig sprudelnden Natur und ihre Wurzel in sich enthält.« (Zit. nach: *Die Vorsokratiker*, die Fragmente und Quellenberichte übers. und eingel. von Wilhelm Capelle, Stuttgart [4]1953, S. 475 Anm. 3.) Wagner ist bei seinem vierten Gelehrtenziel (vgl. Anm. zu: vor 169); Fausts Zweifel, ob das äußere Zeichen die Erdgeist-Funktion des Brunnens der ewigen Natur übernehmen kann, gilt nur, weil er Wagners neue reflexive Thematik von Leben, Tod und Zeit überhört hat.

223 *ein Buch mit sieben Siegeln:* nach Offb. 5,1, dort allerdings auf die Zukunft bezogen; die Säkularisation der Aufklärung verschließt die Vergangenheit ebenso, wie es bislang nur die Zukunft war.

229–232 *Ein Kehrichtfass . . . ziemen:* Die vergangene Epoche wird vom Archäologen aus ihren Resten (»Kehrichtfass«), durch den Philosophen aus veralteten Denkgebäuden (»Rumpelkammer«) verstanden, durch den Dichter als Stoff für dramatisierte Lebensweisheiten und handlungsleitende Sätze (»pragmatische Maximen«) benutzt, die er ohne Rücksicht auf historische Bedingtheit meint aus der ›Geschichte‹ ableiten zu können – jeder sucht und findet nur den Spiegel des eigenen Geistes in der Geschichte. Goethes *Faust* mit seiner differenzierten Reflexion auf Geschichtlichkeit steht im genauen Gegensatz zu diesem unhistorischen Denken und ›Verstehen‹. – Haupt- und

Staatsaktionen waren im 17., 18. Jh. historische Dramen mit Stoffen aus dem Bereich der Fürstenschicksale und Staatsaffären, aufgeführt durch wandernde Schauspielertruppen; nach ihrer Aufführung folgte meist ein lustiges Nachspiel, daher ›Hauptaktionen‹. Einige dieser ernsthaften Stücke wurden von Puppenspielern übernommen (z. B. der *Doktor Faust*).

244 *mit euch mich zu besprechen:* dreifach interpretierbar: entweder, der Universitätssatire entsprechend, gestelzter Ausdruck für ›sich unterhalten‹, oder Entdeckung des Ich als Gelehrtenziel der Subjektphilosophie des ausgehenden 18. Jh.s; drittens heißt »besprechen« magisch durch das Wort beschwören – damit wäre in diesem Ziel das wirkende Wort der drei ersten Gelehrtenziele und die Reflexion auf den Menschen in den drei folgenden zur Synthese gebracht.

248 *Regenwürmer:* vgl. Anm. zu 146.

vor 249 MEPHISTOPHELES . . .: Zur Figur dieses Spezialteufels der Faustsage und zur fehlenden Begründung seines Erscheinens vgl. Kap. III. Er tritt wie Wagner im Schlafrock auf und wird als Faust vom Schüler verstanden; er stellt hier also eine Art Endzustand des zynisch und zugleich starr gewordenen Wissenschaftlers dar, ein Altersbildnis beider, während der Schüler ihr ›Jugendbildnis‹ zeigt. Mephistopheles parodiert in seiner Beratung Wagners Methodik und travestiert seinen Weg geistiger Selbstschöpfung, indem er den Schüler auf einen Weg zum sinnlichen Genuß und materiellen Erfolg bringt. Dem Wunsch des Schülers, »das gute so allzusamm« zu haben (270), setzt er die schroffe Trennung von Theorie und Praxis entgegen, indem er sich zunächst in irritierender Ausführlichkeit zu Kost und Logis äußert, um dann im Gegensatz dazu die lebensverneinenden Begriffssysteme der Theorie herauszustellen – die Medizin als Disziplin, in der der Schein der Theorie praktischen Erfolg und Genuß verspricht, erscheint als einziger Ausweg: die Erkenntnis wird entwertet, damit in einer weiteren Form der Versuchung der Griff nach dem (allerdings auf materielle Sinnlichkeit reduzierten) Baum des Lebens in den Bereich des Wünschbaren rückt. Verhandelt werden hier nicht mehr Ziele und Probleme der Renaissance-Gelehrsamkeit, sondern die der empirisch-analytisch verfahrenden Wissenschaft und des Materialismus im 18. Jh.; Signale wie »Caffee und Billard« (282), »Encheiresin naturae« (371) usw. verweisen darauf.

282–284 *Caffee und Billard ... eure Zeit:* Das erste Kaffeehaus wurde in Leipzig 1694 eingerichtet, Billard wurde im 18. Jh. fast nur in französisch beeinflußten Adelskreisen gespielt; Mephisto warnt also vor den neuesten Verführungen des 18. Jh.s. – »geilen« (283) hat die Bedeutungen ›übermütig, geil, bettelhaft sein‹. – »vertripplistreicheln« (284) ist Neubildung Goethes.

289 *lezzen:* laben.

290 *zu unsrer Rechten sezzen:* wie Christus zur Rechten Gottes.

299 *gefacht:* (in Zimmer) eingeteilt; mehrere Studenten wohnten in einem Zimmer.

304 *Colegium:* Lateinschule, Internat.

306 *euren Tisch für leidlich Geld:* Mahlzeiten in Privathäusern zu angemessenen Preisen.

307 *alle nach:* mit der Zeit.

308 *Wer erst von Geists Erweitrung sprach:* Wäre erst die Rede von ... die Schreiberin Fräulein v. Göchhausen hat sich den Text offenbar diktieren lassen, vgl. 213 »daß«; so stand wohl in Goethes Text: »Wär erst ... Sprach«).

312 *geschiedne Butter:* ranzig gewordene, dann ausgelassene Butter.

316 *nicht bass bekleiben:* Wegen des erzeugten Durchfalls (»Gänse stuhlgang«, 315) schlagen sie nicht an, wird man nicht satt davon.

317 *kühren ohne End:* dauernd zwischen Hammel- und Kalbfleisch ›wählen‹ (ironisch, da sie so fest stehen wie das »Firmament«, 318).

320 *geschwänzt:* schuldig geblieben (Studentensprache).

332 *Tempe:* von antiken Dichtern vielbesungenes paradiesi-

sches Tal in Nordgriechenland, vom Peneios durchflossen. – Bezug zu 103.

337 *Von allem Himmel und all Natur:* Entsprechung zu Makrokosmos und Erdgeist.

340 *nicht zerstreuen lassen:* Mit seiner Einführung in die Spaltung der Wissenschaftsdisziplinen zerstreut Mephisto den Blick des Studenten auf das Ganze (vgl. 270); sein Angebot des »Collegium Logikum« (342) verhindert allenfalls die Zerstreuung des Denkens.

344 *Spansche Stiefeln:* Folterinstrument zum Zusammenpressen der Beine.

348 *Irrlichtelire:* Neubildung Goethes. Irrlichter sind hüpfende Flammen (wohl selbstentzündetes Sumpfgas) über Mooren.

353–358 *Zwar ists mit der Gedanken Fabrick ... Verbindungen schlägt:* »Fabrick« seit dem 18. Jh. ›Herstellungsbetrieb mit Maschinen‹, z. B. Weberei. Goethe verwendet dasselbe Bild, verbunden mit dem Unbehagen der Zerstreuung, für die *Encyclopédie* der französischen Aufklärung in Buch XI von *Dichtung und Wahrheit* (HA 9, S. 487).

371 *Encheiresin naturae:* von griech. *encheirēsis* ›Handgriff‹; mit dieser nichtssagenden Metapher bezeichnete Goethes Straßburger Chemieprofessor Spielmann die Verbindung der chemischen Elemente zum lebenden Organismus.

372 *Bohrt sich selbst einen Esel:* macht die bekannte drehende Bewegung mit dem Zeigefinger an der Schläfe.

375 f. *reduziren ... klassifiziren:* zum Allgemeinen ein Besonderes finden ... Besonderes unter einen allgemeinen Begriff bringen; Termini der Wolffschen Schule der Philosophie.

380 *Metaphisick:* Lehre vom Übernatürlichen.

387 *Fünf Stunden:* Goethe zählt für seine erste Leipziger Zeit sechs Vorlesungen täglich auf (an Johann Jacob Riese, 20. 10. 1765; HA Br. 1, S. 14).

390 *Paragraphos wohl einstudirt:* Der universitäre Unterricht bestand in der Vorlesung und Kommentierung von Lehr-

büchern, deren Abschnitte die Studenten zu Hause vorzubereiten hatten. Die Ironie vom Diktat des heiligen Geistes, d. h. unerhörter Offenbarungen, trifft den geistlosen Brauch, daß die Studenten das Vorgelesene auch noch mitzuschreiben hatten.

404 *den Teufel spielen:* Auch der Teufel ist eine Rolle für Mephisto.

406 *die gros und kleine Welt:* die Natur und den Menschen.

411 f. *der den Augenblick ergreift, / Das ist der rechte Mann:* Die von Mephisto gelehrte praktische Lebensbewältigung bringt den Studenten in Gegensatz zu Faust, der durch seine Progressivität und Traditionalität den Augenblick nie zu ergreifen fähig wird.

433 *grün des Lebens goldner Baum:* Daß es sich bei Mephistos Baum des Lebens – des Genusses statt des ewigen Lebens – nur um eine billige Nachahmung handelt, zeigt die Kombination grün-golden.

439 *Stammbuch:* bei Studenten und Reisenden üblich.

442 *Eritis ... malum:* »Ihr werdet sein wie Gott und wissen, was gut und böse ist.« (1. Mose 3,5; »scientis« ist Verschreibung statt »scientes«.) Nicht nur ein Schein-Leben, auch eine zum Schein betriebene Wissenschaft hat Mephisto den Studenten gelehrt; sein »Wissen« des Guten und Bösen wird ihn also nicht plagen. Im Studenten ist das Thema der Versuchung (vgl. Anm. zu 11 und 21 f.) parodiert.

Auerbachs Keller in Leipzig

vor 445 *Auerbachs Keller ... Gesellen:* Weinlokal in Leipzig seit 1530; zwei Wandgemälde zeigten (bis 1930) Szenen mit Faust. »Zeche« bezeichnet die Trinkgesellschaft wie das Lokal. Zwei der Namen erinnern an Studentenbezeichnungen: »Brander« an »Brandfuchs« (Student im 2. Semester); »Alten« an »Altbursch« (Student nach dem 3. Semester). Man kann sich also eine aus Studenten und Kleinbürgern gemischte Gruppe vorstellen, die in Faust und Mephisto auch Fremde einbezieht. Das Quartett travestiert die vier Gelehrtenfiguren Student, Wagner, Faust, Mephistopheles, wie auch Fausts Zauberei eine heruntergekommene Travestie seiner ursprünglich hohen Magie ist; diese Szene, auch durch ihre Sprache Teil der prosaischen Gegenwart (vgl. die nur hier konkreten Ortsangaben »Leipzig«, »Rippach«, »Wurzen«), hat den trotzig-verzweifelten Willen zu absoluter Erkenntnis und Machtausübung, der den Menschen der ersten Szene kennzeichnete, in die Lust am Selbstbetrug und den spießbürgerlichen Genuß des Geschröpftwerdens verkehrt.

1 *singt runda!:* »In der Studentensprache bedeutet das eine besondere Zechart, wobei der Becher im Kreise herumgeht und jeder vor dem Trunk sein Lied singen muß.« (Minor I, S. 114.)

8 *Das liebe heilge römsche Reich:* Liedanfang im Ton alter historisch-politischer Volkslieder.

12 *Wir wollen einen Papst wählen:* Saufzeremonie zur Ermittlung des Trinkfestesten.

13 *Schwing dich auf ...:* Beginn eines alten volkstümlichen Liebeslieds.

15–20 *Eine Hammelmauspastete ... Appartinenzien:* Hammelmaus: Grille. – Die »Eichenblätter vom Blocksberg« (16 f.) sollen »das Mädchen als Hexe kennzeichnen«, der »Hahnenkopf« (18) Siebel als Hahnrei stempeln (Morris). – Appartinenzien: Zubehör, d. h. den ganzen Siebel.

28–51 *Es war ein Ratt im Kellernest ...:* Travestie des volkstümlichen Liebeslieds; die Verwendung von Rattengift, die affektiven Kommentare (41, 47, der Refrain) und das Scheininteresse für die Ratte statt für den Liebenden geben dem inhaltlich »alten Lied« den Anstrich eines ›Pöbellieds‹, eines im 18. Jh. entstandenen »neu Lied« (24 f.).

62 *Storcher:* eigtl. *Storger*, frankfurterisch ausgesprochen: Marktschreier, Quacksalber.

68 f. *die Würme ... ziehn:* Geheimnisse entlocken. »Würme« ist noch im 18. Jh. gebräuchlicher Plural.

69 *Rippach:* letzte Station zum Pferdewechsel vor Leipzig auf

der Poststraße Frankfurt–Leipzig, also aus dem »Reich«, dem Süden und Westen des deutschen Sprachgebiets.

73 f. *bey den berühmten Hans ... zu Mittag gespeißt:* Ein Hans Ars (Arsch) war zu Goethes Studentenzeit Wirt in Rippach (Arens, S. 218) und Anlaß unflätiger Späße.

79 f. *der versteht den Rummel:* Rummel: Karten gleicher Farbe im Rummelpikett, einem Kartenspiel. Bedeutung also: der weiß, was gespielt wird.

81 *Wurzen:* Ortschaft östlich von Leipzig (entgegengesetzt zu Rippach); man mußte sich dort bis ins 19. Jh. mit der Fähre über den Fluß Mulde setzen lassen.

99 *einzusuckeln:* »suckeln« ist Intensivum zu »saugen«. Sukkel (süddt.): Spanferkel.

100–132 *Es war einmal ein König ...:* Im *Pentamerone* des Giambattista Basile (1634–36, Titel zuerst *Lo cunto de li cunti*) erscheint die Erzählung *La polece*, die die im Flohlied verarbeitete Geschichte enthält. (Vgl. Brentanos *Märchen von dem Baron von Hüpfenstich.*)

102 f. *Schöne Rarität! schöne Liebhaberey!:* »In Prosa und Reimen des 18. Jh.s Ruf eines welschen Guckkasten- oder Schöneraritätenkasten-Mannes.« (Schmidt z. St.) In dieser wiederum travestierenden Fassung wird das politische Lied genossen (vgl. 10 f.). Für die spießbürgerliche Lust am eigenen Schaden ist bezeichnend, daß man die Klage über den Zustand des Reichs, der immerhin bis 1806 gültigen Staatsform, die bei entsprechender Gesundheit auch die Willkür der Territorialfürsten hätte einschränken können, nicht hören will. Das Lied über einen parasitären Höfling, für den ja insbesondere das Volk bluten muß, macht wegen seiner grotesken Einkleidung Spaß, vor allem auch, weil man durch Totknicken der eigenen Flöhe im Privatbereich sich besser befreien kann als die feinen Höflinge. Das politische Problem des parasitären Adels, unter dem sie ständig zu leiden haben, löst sich für die Spießbürger in der Selbstzufriedenheit auf, mit ihren Flöhen gut zurechtzukommen. Ein klassisches Beispiel für die ›kulinarische‹ Funktion von Kunst.

136 *geht an:* schmeckt eben noch passabel.

186 *Als wie fünfhundert Säuen:* Die Gesellen genießen wie beim Flohlied blendend verpacktes Höllenfeuer. Heranzuziehen ist deshalb sicher das Wunder von der Herde Säue, in die Jesus die Teufel aus einem Besessenen trieb (Mt. 8,28 ff.). Auch »kannibalisch« (185) wird im Traubenwunder fast zur Realität. Faust enthüllt in den Gesellen die Bestialität; ihre Vorstellung von Genuß realisiert sich nur im fremden und eigenen Schaden.

196 *ist Vogelfrey:* kann von jedermann verfolgt und getötet werden.

198–203 *Was seh ich! … deine Nase?:* Das Trauben-, wie schon das Weinwunder, gehören der Faustsage an. Mit diesen Illusionistentricks in der prosaisch-modernen Szene gibt Goethe eine implizite Deutung der Magie in seiner Gegenwart: sie ist Selbsttäuschung, Genuß auf Kosten seiner selbst und anderer, den aber die Phantasie vernebelt und mit trügerisch-schönen Bildern versieht. Zugleich wird damit der Genuß des Zuschauers an dem ›romantischen‹ Faust-Geschehen mit Geistern und Teufeln als magische Selbsttäuschung aufgedeckt – hier kann sich der Zuschauer von Magie zu lösen üben, um dies in seinem politischen Leben vielleicht besser als die vier Gesellen zu leisten.

211 f. *die Häscher unterm Rathaus:* die Stadtwache im Keller des Rathauses, unweit von Auerbachs Keller.

Land Strase

vor 453 *Ein Kreuz … ein Bauerhüttgen:* Das Kreuz und die in der kleinen Szene folgende Unterhaltung deuten auf die Frage des Gretchen-Dramas, ob und für wen der christliche Glaube »Vorurtheil« (455) oder wirkungsmächtige religiöse Realität ist. Altes Schloß und Bauernhüttchen weisen auf die soziale Magie, den Drang nach Reichtum und Vornehmheit, der in dem Verführungsdrama Margaretes die entscheidende Rolle spielt und zugleich das Aufstreben des Bürgertums im 18. Jh. bestimmt. – Die Faustsage sah nach der Verbindung mit Mephistopheles das Wirken am Kaiserhof und die Beschwörung der Helena vor. Der Kenner der Faustsage (und das waren Goethes Zeitgenossen) erwartete demnach das »Schloß« als künftigen szenischen Raum, Helena statt Margaretes. So kann diese als Proto-Helena, als Projektion eines Idealbilds auf ein einfaches Bürgermädchen gesehen werden (»Hexenküche«, der Ersatz für »Land Strase« in *Faust I*, verdeutlicht dies): Faust unterliegt der Magie eines Idealbilds und damit einer Form der spirituellen Magie des 18. Jh.s (vgl. Anm. zu 24).

453 *Mephisto:* einzige Namensnennung im Text. Die Kenntnis des Namens, die Verwendung der Kurzform, die Nötigung zur Stellungnahme zum Kreuz zeigen die Macht, die Faust hier noch über seinen Dämon ausübt. Das Gretchen-Drama dient diesem dazu, die Machtverhältnisse umzukehren.

455 *Vorurtheil:* Wäre es nur ein Vorurteil (wie Mephisto aufgeklärt kundtut), müßte er als Teufel sofort verschwinden, da seine Existenz von der Anerkennung des christlichen Glaubenssystems abhängt. Form der romantischen Ironie, der Selbstaufhebung einer poetischen Figur.

Strase

vor 457 MARGARETHE: Die Figur und ihr Drama gehören nicht zur Faustsage. Wie Goethe z. B. die Thematik Adams und der Versuchung unter den Bedingungen des 18. Jh.s neu gestaltete, so auch die Faustsage, indem er ihr ein ›bürgerliches Trauerspiel‹ einfügte, das er seinerseits im Magie-Kontext des *Faust* als durch verschiedene Formen moderner Magie gekennzeichnet sah (vgl. Anm. zu: vor 453). Biographisch spielt bei der Wahl des Namens »Margarete« vielleicht das Schicksal der zum Tode verurteilten Frankfurter Kindsmörderin Susanna Margaretha Brandt mit, deren Prozeß 1772 Goethe verfolgte; auch gab er seiner Frankfurter Jugendgeliebten vielleicht nachträglich den Namen »Gretchen« (*Dichtung und Wahrheit*, Buch V) und schilderte seine Liebe im Kontext der ersten Erfahrung der »seltsamen Irrgänge [...], mit welchen die bürgerliche Sozietät unterminiert ist. Religion, Sitte, Gesetz, Stand, Verhältnisse, Gewohnheit, alles beherrscht nur die Oberfläche des städtischen Daseins. [...] im Innern sieht es öfters um desto wüster aus« (ebd., Buch VII; HA 9, S. 285). Nun ergeben aber auch die Legenden der heiligen Margareta von Cortona und der heiligen Margareta von Antiochia, zusammengenommen, die Hauptelemente der Geschichte Margaretes. Die erstere, im 13. Jh. Dienstmagd eines italienischen Barons, wurde von ihm verführt, hatte einen Sohn von ihm und wurde bei seinem Tod von seiner wie von ihrer Familie verstoßen; um dem Schicksal der öffentlichen Prostituierten zu entgehen, nahm sie drei Jahre schwerste Bußübungen auf sich und wurde dann ins Kloster aufgenommen. Die Christin Margareta von Antiochia wurde vom römischen Prätor in den Kerker geworfen, weil sie seiner Liebeswerbung nicht nachgab; dort versuchte sie der Teufel, den sie aber siegreich unter ihren Fuß trat. Indizien sprechen dafür, daß Goethe beide Heiligenviten kannte; wie eine Schicht des Faust-Dramas aus einem christlichen Warndrama des 16. Jh.s hervorgegangen ist (Marlowes *Doctor Faustus*, vermittelt durch die Puppenspiele), so hat das bürgerliche Trauerspiel ›Margarete‹ eine Grundschicht in dem im 16. Jh. üblichen Legendendrama. Die z. B. bei der Magie beobachtete historische Doppelung zeigt sich also auch im Hinblick auf den dramatischen Typus: bei Faust Warndrama gegen Drama des Gelehrtenstandes, bei Margarete Legendendrama gegen bürgerliches Trauerspiel. – Zu der auffälligen Verwendung des Regienamens »Gretchen« statt »Margarete«, »Margr.« o. ä. ist zu sagen, daß »Gretchen« neben der üblichen Verkleinerungsform eine Bezeichnung für »Dirne« unabhängig von ihrem tatsächlichen Namen war.

457 *Fräulein:* Anrede für unverheiratete adlige Damen (vgl. 760).

467 *Wie sie die Augen niederschlägt:* für Margarete ein Zeichen der sittsamen Kontaktaufnahme (vgl. 1013).

471 *Dirne:* im Sinne von ›Mädchen niederen Standes‹; Fausts Anrede »Fräulein« (457) wird damit als lügenhaft entlarvt.

475 *Stul:* Beichtstuhl. Wenn Mephisto dort gehorcht hat, dann hat er Margarete als Köder für Faust ausersehen; seine Frage 472 und seine Behauptung 478 sind also ebenfalls lügenhaft; sie sollen Faust das Bewußtsein eigener Aktivität (und damit später Schuld) geben.

479 *Ist über vierzehn Jahr doch alt:* Dies war das gesetzliche Heiratsmindestalter im 18. Jh. (Arens, S. 262); damit erscheint sie Faust auch als verführbar und Mephisto zugänglich.

481 *iede liebe Blum:* Das Blumenmotiv reicht vom Namen »Margarete« (vgl.: Margerite) über die von Gretchen zerpflückte »Stern Blume« (1027) zum »Blümgen«, das nach der Defloration »weg« ist (1252), zu den mit Tränen benetzten, für Maria gebrochenen Blumen (1299 ff.) und den Blumen des eingebildeten Brautkranzes (»Kerker« 21 f.). Das Motiv, anfänglich metaphorisch auf den ganzen Menschen bezogen, meint zum Schluß nur noch das Wunschzeichen imaginärer Unbeflecktheit.

485 *Herr Magister Lobesan:* im 18. Jh. Spottname »für umständliche gelehrte Herren« (Minor I, S. 135); Faust wendet damit Mephistos Tadel zurück (480).

493 *Nur die Gelegenheit zu spüren:* die Lage zu erkunden.

502 *Brimborium:* umschweifige Kleinigkeiten, die den erotischen Reiz erhöhen sollen.

503 f. *Das Püppgen geknät und zugericht ... Wel[s]ch Geschicht:* »Puppe« (1168) und »Engel« (511, 1186) ist das herabwürdigende bzw. idealisierende Bezeichnungspaar, mit dem Faust und Mephisto an der Realität und Persönlichkeit Margaretes vorbeidenken und -reden. – Viele der »welschen Geschichten«, der erotischen Novellen in der Tradition von Boccaccios *Decamerone*, legen in der Tat auf

Personencharakterisierung kaum, auf Darstellung des langwierigen »Brimboriums« jedoch großen Wert, mit dessen Hilfe eine schwer zugängliche Dame »geknetet und zugerichtet« und endlich gewonnen wird.

505 *Apetit:* sinnliches Begehren; Begriff aus der Moralphilosophie.

515 f. *eurer Pein ... förderlich und dienstlich:* Im Blick auf das Ende ist »Pein« doppelsinnig; »förderlich und dienstlich« ist ironisch gesprochenes Amtsdiener- und Katechismusdeutsch.

523 *Dunst kreis:* Wirkungskreis (vgl. Anm. zu 132), der bei »eröffnetem« Sinn auch als Duft oder Gestank je nach moralischem Charakter riechbar ist, wie Swedenborg schreibt. Die Stelle eröffnet eine Serie von Anspielungen auf die einander bekämpfenden Wirkungskreise Margaretes und Mephistos (vgl. 573, 605, 1163–90, 1229–33, »Kerker« 104–110).

529 *Am Ende kriegt' er eine Comission:* Luzifer müßte Bankrott anmelden, hätte er noch mehr Nachkommen wie Faust. Verschuldete Fürstentümer wurden durch eine vom Reich eingesetzte Kommission zwangsverwaltet.

Abend

vor 530 *Ein kleines reinliches Zimmer ... Zöpfe flechtend und aufbindend:* Über »sauber« hinaus hat »reinlich« bei Goethe die Bedeutungen ›ordentlich‹ und ›mit Sorgfalt, aus innerer Einstellung heraus rein gehalten‹. So flicht Margarete ihre Zöpfe nicht nur, sondern legt sie kunstvoll um den Kopf.

532 *wacker:* tüchtig, ansehnlich.

534 *Das konnt ich ihn an der Stirne lesen:* Als er den *Urfaust* schrieb, arbeitete Goethe an Lavaters *Physiognomischen Fragmenten* mit; wie dieser war er überzeugt, daß man aus den Gesichtszügen den Charakter eines Menschen lesen könne. Vgl. 1165–82.

539–546 *Willkommen ... Seeligkeit:* Die religiösen Assoziationen sind unübersehbar. »Heiligthum«, »Liebespein«, »Hoffnung« spielen auf die Trias Glaube, Liebe, Hoffnung (1. Kor. 13) an, wobei der Glaube, der Faust von Anfang an fehlt, nicht wörtlich angesprochen ist. Der Trias subjektiver Haltungen entspricht objektiv im Zimmer »Stille«, »Ordnung«, »Zufriedenheit«, 554 f. mit »Geist«, »Ordnung«, »Fülle« wieder aufgenommen. Der Ordnung-Aspekt des Makrokosmos und der Fülle-Aspekt des Erdgeistes (vgl. Anm. zu: vor 77) werden in diesem »Kerker« für Faust durch »Stille« und »Geist« zusammengehalten, dessen Atmen oder Säuseln (543, 555) die Anwesenheit des Herrn bezeichnet (vgl. 1. Kön. 19,12). – Wesentlich für den Projektionscharakter der Szene ist, daß alle diese Eigenschaften von Margarete dementiert werden: Ordnung geht auf die Akkuratheit (966), Zufriedenheit auf die Genauigkeit (d. h. Sparsamkeit) der Mutter (936) zurück; »Armuth« (545) ist tatsächlich nicht gegeben (vgl. 967–970), wenn Margarete sie beklagt (656), so fehlt ihr der innere Friede der »Stille«, der ihr Armut nicht als Mangel, sondern als Fülle erscheinen ließe.

551 *den heilgen Christ:* das Weihnachtsgeschenk.

557 f. *den Teppich auf den Tisch ... den Sand zu deinen Füssen kräuseln:* »Teppich« süddt. für: Decke; der Tisch soll nicht zerkratzt und beschmutzt werden. Ebenfalls um der Sauberkeit willen wurden die Holzfußböden mit feinem Sand bestreut; Margarete gibt ihm noch besondere Muster.

560 *Die Hütte ... Himmelreich:* vgl. 4. Mose 14,10: »Da erschien die Herrlichkeit des Herrn in der Hütte des Stifts.« Die »Herrlichkeit«, biblisch die Erscheinungsform der Gottheit, hat nach Hesekiel (Kap. 1 und 10) einen Licht-/Ordnungs- und einen Feuer/Energie-Aspekt; Makrokosmos und Erdgeist scheinen diese Herrlichkeit getrennt darzustellen, die in Margaretes Zimmer für Faust wieder vereint sich offenbart.

564 *Den eingebohrnen Engel:* eingeboren: einzig, wie Christus, der eingeborene Sohn Gottes. Vorausdeutung auf

Margaretes Erlöserfunktion; vorläufig aber hechelt sie in ihrer schnippischen Art die »Sünden« anderer Mägdlein noch kräftig durch und »segnet« sich pharisäerhaft mit ihrer Tugend (vgl. 1268–74).

567 f. *mit heilig reinem Weben / Entwürckte sich:* Das Bild wurde wie ein Gewebemuster sichtbar. Webereibild zur Assoziation des Erdgeistes und seines »Webens«, während die Ausbildung des Engels in Träumen eher auf die Spiritualität des Makrokosmos anspielt.

573–576 *Umgiebt mich hier ein Zauberdufft ... Druck der Lufft:* Gegenüber seinem bloßen »Appetit« der vorhergehenden Szene völlig verwandelt, reflektiert Faust auf die verwandelnde Ursache und findet sie im Atmosphärischen des Wirkungskreises (vgl. Anm. zu 523). Die Stelle nimmt Bezug auf Rousseaus Roman *Julie, ou La Nouvelle Héloïse*, wie überhaupt die ganze Szene (vgl. Kap. V,5).

579 *Der grose Hans:* lesbar im Sinne von ›Großhans‹ (vgl. »Nacht. Vor Gretgens Haus« 31), die großen Hansen waren im 16., 17. Jh. die mächtigen, vornehmen Männer; in der unmittelbaren Nachbarschaft des Namens Faust (572) aber auch als Nennung des eigentlichen und dem Publikum bekannten Vornamens Johannes lesbar. – Durch seine Selbstreflexionen (von 561 an) zerdenkt Faust wieder den magisch verändernden Effekt von Margaretes Zimmer auf ihn: der Entschluß, nicht mehr wiederzukehren und Margarete nicht zu verführen, bleibt momentan.

590 *Ich weis nicht soll ich?:* Hiermit gibt Faust die Normen und die Initiative seines Handelns ab; von jetzt an läuft alles nach der von Mephisto vorgesehenen Psychomechanik ab, und Faust wird allmählich zum Werkzeug Mephistos.

592 *eurer Lüsternheit:* wahrscheinlich ironischer Titel, Parodie auf ›Eure Heiligkeit‹ (Fuchs; Arens, S. 270).

596 *Ich kraz den Kopf reib an den Händen:* Gesten angestrengten Nachdenkens. Der Satz wird nach dem Einschub von 597 mit 598 fortgesetzt, der Punkt am Ende von 596 ist nicht als Satzgrenze zu lesen.

603 *Phisick und Metaphisika:* die zwei großen Lehrgegenstände des Aristoteles.

vor 605 MARGARETHE *mit einer Lampe:* Ihre Lampe beleuchtet wie die Wagners einen Selbstbestimmungsprozeß. In ihrem siebenteiligen Monolog (605–610, 611–634, 635 bis 639, 640–645, 646–649, 650–653, 654–656) erkennt sie ihre Stellung in der sozialen Hierarchie, die Durchbrechung dieser Hierarchie durch den allgemeinen Drang nach Gold und die Tatsache, daß sie selbst in ihrem Blick auf den »edlen« Herrn von diesem Drang erfaßt ist.

605 *Es ist so schwül und dumpfig hie:* Mephisto hat durch sein Herumspüren (vor 538) seinen Wirkungskreis verbreitet, den Margarete riecht und auf den sie mit einer ihr unbegreiflichen Körperreaktion antwortet. In dem Schauer, der ihr »am ganzen Leib« läuft (609) identifiziert sie nur Furcht; die erotische Komponente tritt später zutage (1036 f.) und äußert sich hier nur in der Wahl des Liedes.

606 *macht ... warm:* Gallizismus, »il fait chaud«.

vor 611 *sie fängt an zu singen indem sie sich auszieht:* Beziehung zu Shakespeares *Othello* IV,3 und Desdemonas Lied von der Trauerweide.

611 *Thule:* bei Vergil und Tacitus genannt, sagenhafte Insel im äußersten Norden; mit diesem Bildungselement ist das Lied als Kunstlied gekennzeichnet, das den Volkston als Zitat benutzt. Mit der Verlegung solcher Treue in das Reich des Sagenhaft-Fernen wird zugleich resignativ ausgesprochen, daß sie nicht zu finden sein wird.

613 *Bule:* im Sinne von ›Geliebte‹, im Gegensatz zu ›Ehefrau‹.

617 *Die Augen gingen ihm über:* Tränen traten ihm in die Augen.

631 *trincken:* sich mit Wasser füllen.

637 *Guckguck:* zum Kuckuck; erstaunter, neugieriger Ausruf.

639 *Und meine Mutter lieh darauf:* Um gegen ein Pfand Geld verleihen zu können, muß die Mutter flüssiges Kapital be-

sitzen; das widerlegt im vorhinein die Rede Margaretes von der Armut (656).

652 f. *Allein man ... Erbarmen:* Das bedauernde Lob für die Schönheit und Jugend der armen Leute ist interesselos, bringt ihnen keine sozialen Vorteile wie etwa Heirat in höhere Stände.

Allee

657 *Bey aller verschmähten Lieb!:* Dieser ›ärgste‹ Fluch Mephistos (vgl. 658) zeigt die Auffassung Goethes vom Bösen, vom »höllischen Element«: böse ist, was in »Undank« die Liebe Gottes verschmäht und sich allein auf sich selbst stellen will (vgl. Anm. zu 15 f. und Kap. V,10).

659 *petzt:* petzen: mundartlich für: zwicken, pfetzen, mit einer Rute schlagen.

668 *Heerings Weibe:* Die Fischverkäuferinnen waren für Grobheiten berühmt.

677 *ungerechtes Gut:* das von einem »Gottlosen« stammt, vgl. Spr. 10,2. Vgl. 683 f.

680 *mit Himmels Mann' erfreun:* »Wer überwindet, dem will ich zu essen geben von dem verborgenen Manna« (Offb. 2,17). Vgl. 689.

690 *Die Kirche hat einen guten Magen:* Kritikpunkt seit dem Mittelalter und insbesondere seit der Reformation.

703 *Gretgen:* Faust benutzt zum erstenmal den Namen in der Form, die zweideutig Kosename und Bezeichnung für ein Lustobjekt sein kann; er setzt damit Mephistos Namensreduktionen »Margrete« (665) und »Margretlein« (681) konsequent fort.

705 f. *Denkt ... an den ders ihr gebracht:* Margarete weiß jetzt, daß sie selbst Adressatin des Schmucks war. Diese psychologisch wichtige Konzentration ihrer Gedanken und Vermutungen auf sich und den »edlen« Herrn ist die dramatische Funktion der Szene, die man ihr manchmal abgesprochen hat. Außerdem beschreibt sie präzis die

Normen und Denkvoraussetzungen, unter denen Margarete lebt und zu denen sie bereits »ein schiefes Maul« (681) zu ziehen beginnt.

713 *wie Brey:* so träg und zäh wie Brei.

Nachbarinn Haus

vor 719 MARTHE: unter den Frauenfiguren Parallelfigur zu Mephistopheles; sie übernimmt einen Teil seiner Aufgaben, das Püppchen zu kneten und zuzurichten, indem sie ihr den zweiten Schmuck zu verheimlichen rät und ihr Gelegenheit zum Anprobieren gibt. Ihre Selbsteinführung erinnert an Hans Sachs' Fastnachtspiel *Der farendt Schuler ins Paradeiß* (1550).

722 *auf dem Stroh allein:* dem Bettstroh; »Strohwitwe« seit dem 18. Jh. Begriff für die alleingelassene Frau.

728 *Todtenschein:* gerichtliche und kirchliche Todeserklärung, um z. B. wieder heiraten zu können. Solche Erklärungen gab es erst im 18. Jh. Die Gedankenstriche 726 f. sind wohl durch ausführliches Schluchzen gefüllt zu denken.

732 *In meinem Schrein von Ebenholz:* Nach »Schrein« ist ein Komma zu denken; das neue Kästchen ist aus dem teureren Material.

740 *Nicht in der Kirch mit sehen lassen:* Es herrschte eine Kleiderordnung, nach der Bürgerinnen nur in begrenztem Maß Schmuck tragen durften.

752 *erbeten:* übertrieben unterwürfig statt »erbitten«.

761 *armes iunges Blut:* ebenso übertrieben bescheiden. Mephisto korrigiert wie erwartet.

765 *einen Blick so scharf:* unerschrocken, keck, wie ihn nur Vornehme haben. Vgl. Molière, *Dom Juan* II,2: »Ah! la belle personne, et que ses yeux sont pénétrants!« (»Ah! welch schöne Person, und wie ihr Blick durch und durch geht!«)

777 *Freud muss Leid, Leid muss Freude haben:* »Auch beim

...en kann das Herz trauern, und nach der Freude kommt Leid.« (Spr. 14,13.)

785 *drey hundert Messen singen:* Gesungene Messen wären sehr teuer; allerdings werden Gedächtnismessen für einen Verstorbenen nur gelesen.

787 *ein Schaustück:* eine Gedenkmünze.

792 *nicht verzettelt:* nicht für Kleinigkeiten ausgegeben (wie 787), sondern für sein »schönes Fräulein« (835).

796 *manch Requiem noch beten:* Dies geschieht nur durch den Priester selbst (Arens, S. 281, »Unkenntnis des Dichters in catholicis«).

800 *ein Galan:* vornehmer (schön gekleideter) Liebhaber; Wort aus dem späten 17. Jh.

802 *So ein lieb Ding:* Grammatisch richtig bezieht Arens z. St. »lieb Ding« auf Galan. Man kann sich 801 f. auch zu Marthe gesprochen denken, dann ist Margarete »so ein lieb Ding«.

807 f. *starb als Christ ... Zeche hätte:* Er hatte noch Gelegenheit zu beichten und das Sterbesakrament zu erhalten, wurde aber mit seiner Beichte nicht fertig. Deshalb die vielen Seelenmessen.

838 *Dass er's bis an sein seelig Ende spürte:* Mephisto läßt durchblicken, daß sie ihm das »mal de Naples«, die Syphilis, anhängte; die Krankheit hieß so, weil das Heer Karls VIII. sie von Neapel nach Frankreich einschleppte.

850 f. *Weiber ... Wein ... Würfel Spiel:* Loeper (I, S. 130) zitiert das Sprichwort »Drei W bringen Pein: Weib, Würfel und der Wein!«

855 *um das Geding:* zu denselben Vertragsbedingungen (sich gegenseitig so viele Verstöße gegen Verantwortung und Ehemoral nachzusehen).

859 *die hielte wohl den Teufel selbst beym Wort:* Loeper (I, S. 130) macht auf Hans Sachs' Schwank Nr. 177 aufmerksam: *Der dewffel nam ain alt weib zw der ee, die in vertrieb* (1557).

866 *Wochenblättgen:* standesamtliche Nachrichten etwa seit dem 1. Drittel des 18. Jh.s.

867 f. *durch zweyer Zeugen Mund ... die Wahrheit kund:* nach 4. Mose 35,30, Mt. 18,16 u. ö. Die Rechtsprechung zu Goethes Zeit forderte ebenfalls: »Es muß demnach der Tod durch das Zeugniß zweyer solcher Personen erwiesen werden, welche einen haben sterben und begraben sehen.« (Johann Heinrich Zedler, *Großes vollständiges Universal-Lexicon Aller Wissenschafften und Künste*, Bd. 44, Halle/Leipzig 1745 [Nachdr. Graz 1962], Art. »Tod«.)

874 *Fräuleins:* Nach der richtigen, auf den Protest 759–762 begründeten Bezeichnung »Jungfer« (872) ist »Fräuleins« als – vor Marthe verheimlichte – Erinnerung Margaretes an Fausts Anrede in »Strase« zu lesen (Walheim; Arens, S. 284).

884 *Sie ist mir lieb:* weil sie ihm nützt.

891 *Sancta Simplicitas!:* Heilige Einfalt! Johannes Hus soll den Spruch getan haben, als ein glaubenseifriges Weiblein Holz zu seinem Scheiterhaufen trug.

894 *da wärt ihr's nun:* Zu betonen ist »da«, d. h., Faust sei es doch sonst nicht um frommes Leben zu tun.

896–902 *falsch Zeugniss ... ein Sophiste:* Falsches Zeugnis ablegen heißt, eine falsche Aussage machen und beeiden, daß sie wahr ist. Wer definiert, macht nur eine Aussage: dies ist der Sinn von Fausts Vorwurf, Mephisto sei ein Sophist, d. h. argumentiere mit unzutreffenden Termini. »Einbissgen tiefer« (903) gesehen werden jedoch auch des Professors Aussagen wegen seines Amtes als ›Wahrheit‹ verstanden, es sei denn, er schränke sie hypothetisch ein. Nun hat aber Faust im Bewußtsein, »daß wir nichts wissen können«, zehn Jahre seine Schüler »an der Nas herum« geführt (7–11), hat also das institutionell in ihn gesetzte Vertrauen ständig verletzt. Das ist im sachlichen Sinne falsches Zeugnis, unter dem Faust litt (vgl. 12).

906 *schwören:* Dies wäre falsches Zeugnis auch im Wortsinne; Faust vermeidet dann auch den Schwur im Sinne eines wörtlichen Versprechens »ewger Treu und Liebe« (908).

916 f. *Und diese Glut ... ewig nenne:* Hier wird Faust zum

Sophisten. Die Glut, von der er brennt, ist tatsächlich ewig zu nennen, denn sie ist ihrer sinnlichen und ihrer übersinnlichen Seite nach göttlich (657, 1146), und es ist ein entscheidender Schritt auf dem Weg Fausts zu seiner Erlösung, daß er dieser ewigen Liebe teilhaftig geworden ist und sie unvertilgbar in sich behält (Margarete zieht sie am Anfang des 4. Akts von *Faust II* rettend mit sich fort). Insofern ist seine Absicht, diese Glut ewig zu nennen, auch kein »Lügenspiel« (918). Aber damit hat er über seine Treue zu Margarete gar nichts gesagt, um die es ihm noch zu Anfang seiner Tirade ging (908–911). Da aber Margarete diese feine Unterscheidung nicht verstehen wird, weil sie sie gar nicht hören will, wird er sie nicht den Worten, aber der Sache nach belügen. Mephisto hat recht.

919–924 *Hör ... ich muss:* Faust weiß nicht, was er antworten soll, und setzt mehrfach an.

921 *hat nur eine Zunge:* Minor (I, S. 161) ergänzt: ... und keine Ohren, d. h., er stellt Behauptungen auf, hört aber nicht auf deren Widerlegung.

924 *weil ich muss:* Diese Formulierung setzt die Linie des »soll ich?« (590) fort, gibt dem Trieb Oberhand und anerkennt nun auch noch dessen Zwangscharakter. Faust ist auf die biomechanistische Denkweise Mephistos eingeschwenkt, wenigstens bis er Gretchen gehabt hat. Unter diesem Gesichtspunkt erscheinen all die schönen Dinge, die er ihr im »Garten« sagt, als pure Lügen. Die rhetorisch-galanten Formulierungen entlarven das auch.

Garten

929 *erfahrnen:* weitgereisten, der deshalb viel erfahren hat.

932 *Weisheit dieser Welt:* vgl. 1. Kor. 1,20: »Hat nicht Gott die Weisheit dieser Welt zur Torheit gemacht?« (Vgl. auch 1. Kor. 3,19.) Erneute Vergöttlichung Margaretes, nun aber mit deutlich rhetorischer Absicht.

933 f. *Inkomodirt euch nicht ... so rauh:* In Molières *Dom Juan* II,2 sagt das Bauernmädchen Charlotte, deren Hände Dom Juan nimmt, um sie zu küssen: »Fi! Monsieur, elles sont noires comme je ne sais quoi.« (»Pfui! mein Herr, sie sind so schwarz wie sonst was.«) Dom-Juan-Anspielungen in dieser Szene weisen auf die falsche Rhetorik in den Reden Fausts; die französierende Sprachmaske Margaretes (Vers communs und Alexandriner in 1023–26!) zeigt auch Rhetorik bei ihr und deckt ihr Ziel des sozialen Aufstiegs auf. Damit verliert sie für Faust gerade das, was dieses »Götterbild« ausgebildet hat – Natur.

936 *genau:* peinlich sorgfältig, karg, geizig.

947 *berathet:* sorgt vor.

948 *Ja aus den Augen aus dem Sinn:* Düntzer (z. St.) schloß aus dieser sprichwörtlichen Rede, daß Faust gesagt hat, er werde sie nicht vergessen.

950 *der Freunde häufig:* viele Freunde.

966 *accurat:* gewissenhaft, ordnungsliebend (Wort aus dem 18. Jh.). Die Ordnung in Margaretes Zimmer geht also auf das Konto der Mutter.

968 *uns weit eh als andre regen:* uns viel mehr erlauben als andere. Widerlegung der ›Armut‹ (656).

999 *mutig:* wohlgemut, froh.

1003 f. *Das Sprüchwort sagt ...:* Das Sprichwort »Eigner Herd ist Goldes wert« wird verschränkt mit einem Vers aus den Sprüchen Salomonis (31,10): »Wem ein tugendsam Weib beschert ist, die ist viel edler denn die köstlichsten Perlen.«

1024 *begonnte:* bis ins 18. Jh. verbreitete Form für »begann«.

1036 *Mich überläufts:* vgl. 609.

1040–43 *Sich hinzugeben ... Kein Ende!:* Was Faust äußert, ist kein Liebesversprechen an Margarete (eingedenk Mephistos ›Vorhersage‹, 908 f.), sondern dringende Hoffnung auf die Ewigkeit der (himmlischen) Liebe, deren er durch Margarete teilhaftig geworden ist. Es handelt sich also um ein Glaubensbekenntnis – Glaube und Hoffnung auf die Ewigkeit der Liebe –, das seinem anfänglichen luziferischen Trotz genau entgegengesetzt (vgl. auch Kap. V,10) und deshalb für Fausts endgültige Erlösung entscheidend ist. Margarete, das Werkzeug, ist in diesem Moment vergessen (»Er steht einen Augenblick in Gedanken«, vor 1044). Sie aber hat Fausts konfuse Rede als ganz normales Liebesgeständnis verstanden und will sich von ihm fangen lassen.

1050 *in's Gespräch:* ins Gerede der Leute.

1052 *Sommervögel:* Schmetterlinge.

Gretgens Stube

vor 1066 *Gretgens ...* Der Übergang des Regienamens »Margarethe«, »Margrethe«, »Margrete« zu »Gretgen« kann als Hinweis des Autors gelesen werden, daß nun der von Faust anvisierbare Aspekt der verführbaren Dirne (703, 881, vgl. vor 861) Wirklichkeit geworden und damit auch die von Faust imaginierte oder rhetorisch behauptete Heiligkeit der Unschuld (954 f.) verschwunden ist. Daß Margarete in ihrer »Stube«, d. h. in einem halböffentlichen Raum ihres Hauses (die Stube ist heizbar und auch für den Empfang von Gästen bestimmt), der geselligen Tätigkeit des Spinnens allein nachgeht, zeigt ihre Isolierung. – In ihrer ganzen ›Arie‹ eine Reihe von Anspielungen auf das Hohelied Salomonis, womit die sinnlich-religiöse Beschaffenheit ihrer Liebe angedeutet ist (vgl. Anm. zu »Kerker« 105).

1104 f. *An seinen Küssen vergehen sollt:* ... und wenn ich vergehen sollte.

Marthens Garten

1106 *Heinrich:* Fausts überlieferter Vorname war Johann. Durch die Verwendung eines neuen Vornamens kennzeichnet Goethe jedenfalls die Neugestaltung und Modernisierung des Stoffes; auf Heinrich mag ihn der Gedanke an

Johann Heinrich Merck gebracht haben, der wegen seiner böswilligen Schalkheit im Freundeskreis Goethes den Namen Mephistopheles führte. Faust ist inzwischen auch zum Werkzeug seines Teufels geworden.

1107–10 *Wie hast du's mit der Religion? ... Lass das:* weitgehend Zitat nach Molières *Dom Juan* III,1; Sganarelle fragt seinen Herrn nach seinem Glauben an Himmel, Hölle, Teufel und ewiges Leben und beginnt: »Je veux savoir un peu vos pensées à fond. Est-il possible que vous ne croyiez point du tout au ciel? DOM JUAN: Laissons cela.« (»Ich möchte doch einmal Eure Gedanken von Grund auf erfahren. Ist es denn möglich, daß Ihr überhaupt nicht an den Himmel glaubt? D. J.: Lassen wir das.«) Die Szene enthält noch eine Reihe von Anspielungen auf Sganarelles Bekehrungsversuch, überbietet Molière aber vor allem darin, daß nicht der Diener, sondern das zu verführende Opfer die Religionsfragen stellt und den Helden deshalb zum Glaubensbekenntnis zwingt, das wegen der Dom-Juan-Situation einen deutlich rhetorisch-beschwichtigenden Charakter bekommt. – Ferner setzt sich Goethe offensichtlich mit Rousseaus »Profession de foi du vicaire Savoyard« (*Émile, ou De l'Éducation*, Buch IV) auseinander.

1114 *wenn ich etwas auf dich könnte:* wenn du dir von mir etwas sagen ließest.

1117 *Nachtmal:* Margarete meint die Kommunion der katholischen Kirche, verwendet aber den protestantischen Begriff ›Nacht-/Abendmahl‹.

1123 *Mishör mich nicht:* Mißverstehe mich nicht in dem, was du von mir hörst (Neubildung Goethes).

1124 *Wer darf ihn nennen?:* Die Unnennbarkeit Gottes mit seinem ›eigentlichen‹, sein Wesen treffenden Namen ist biblische, mystische und magische Tradition. Sie wird aber begleitet von einer Fülle von Namen Gottes, die Aspekte seiner Wirksamkeit oder Erscheinung betreffen und die erst in der Gefühlsreligiosität seit Rousseau tendenziell aufgegeben werden. Vgl. Anm. zu 1145–50.

1127–29 *Wer empfinden? ... ich glaub ihn nicht!:* Die grammatische Konstruktion ist: Wer, der empfindet, darf sich unterwinden (sich trauen) zu sagen: ...! Dieser Gottesbeweis aus dem Gefühl ist bekannt seit Rousseau.

1134–42 *Wölbt sich der Himmel ... neben dir:* Die Argumentation konzentriert sich auf das Erscheinen Gottes in der Schöpfung; 1134–37 gelten dem Makrokosmos und dem Genuß des »Schauspiels«; 1138–42 betreffen den Erdgeist-Aspekt. Faust hat sein Fühlen und Denken inzwischen so weit entwickelt, daß er Makrokosmos und Erdgeist als Aspekte der Gottheit, als ihre in Ordnung und Fülle erscheinende »Herrlichkeit« weiß (vgl. Anm. zu 560). Sein Fehler ist nun aber die Auflösung der benennbaren und einer Benennung bedürfenden Form der Erscheinung ins bloße Gefühl. Dadurch ergibt sich nämlich auch die Gleichung »Schau ich nicht ... Nenn das dann ... Gott!« (1138–46), und damit ist die Gefühlsreligion wieder ins Luziferische umgekippt: Gretchen soll ihn als Gott lieben.

1138 *Schau ich nicht:* Der Ton liegt auf »ich« (vgl. Arens, S. 331). Faust macht Gretchen klar, was er selbst vor kurzem gelernt hat (vgl. Anm. zu 916 f. und 1040–43): daß seine Liebe, da Gott alles umfaßt, Teil der göttlichen Liebe und damit erscheinende Gottheit ist. Problematisch in dieser panentheistischen Religion ist eben nur das Weglassen der Namen und damit Unterscheidungen.

1143 f. *Erfüll davon dein Herz ... in dem Gefühle seelig:* Nach den Suggestivfragen 1132 ff., die die Anwesenheit der Gottheit immer enger mit der unmittelbaren Erfahrung Gretchens verbinden und ihre Einbildungskraft erregen sollen, versucht er jetzt das Gefühl bei ihr zu erzeugen, mit dem es dem von der Venus begeisterten Magier gelingen müßte, »den Jupiter zu begreifen«. Faust ist ja selbst mit einem solchen Versuch gescheitert (vgl. Anm. zu 107–128 und 159 f.); seine Liebe zu Margarete hat ihm unverhofft genau dazu verholfen (vgl. Anm. zu 1040–43). Die Zwanghaftigkeit seines »muss« (1041) zeigt aber, daß er sich seines Gefühls keineswegs sicher ist; sein Versuch, Gretchens

Liebe ebenfalls zum religiösen Erlebnis umzudeuten, ist zugleich eine Probe auf die Zuverlässigkeit der eigenen religiösen Erfahrung. Aber er hat vergessen, daß er durch Liebe und nicht durch Magie zu seinem Erlebnis gekommen ist, daß Gretchen also ebenfalls nicht durch magische Suggestion so weit zu bringen sein wird. Zudem verzichtet er mit den Namen (vgl. 1149) auf eine der wesentlichen Grundlagen der älteren Magie und schwächt damit seine Fähigkeit vollends entscheidend, z. B. den Erdgeist zu beschwören oder eine Steigerung der Einbildungskraft nach Agrippa bei sich oder andern zu erzielen: Gretchen jedenfalls läßt sich nicht begeistern.

1145–50 *Nenn das dann ... Himmels Glut:* Tendenz der Gefühlsreligiosität einiger Zeitgenossen Goethes. Johann Caspar Lavater schreibt in den *Physiognomischen Fragmenten, zur Beförderung der Menschenkenntniß und Menschenliebe*, Bd. 4, Leipzig/Winterthur 1778 (Nachdr. Zürich/Leipzig 1969), 1. Abschnitt, 10. Fragment: »Genie – propior Deus ... Oder – nenn' es, beschreib' es, wie du willst – [...] Nenn's Glaube, Liebe, Hoffnung [...]: Nenn's und beschreib's, wie du willst und kannst – [...] Offenbarer der Majestät aller Dinge, und ihres Verhältnisses zum ewigen Quell und Ziel aller Dinge. [...] ich spreche von unmittelbarem Gottesgefühle, nicht von Theologie [...]. Die Göttlichkeit aller göttlichen Dinge muß gefühlt werden.« (Zusammengezogen aus S. 81 f., 83, 94 f.) Was dieser Namenverzicht oder die Beliebigkeit der Namen bewirkt, wird an Fausts Verhältnis zu Mephistopheles deutlich, der als Teufel oder als Erddämon nicht mehr in diese Religiosität gehört, aber nun einmal da ist. Mit dem Verzicht auf die Wirksamkeit der alten Zeichen verliert Faust vollends jede Möglichkeit, dieses Relikt der alten Religiosität zu beeinflussen (vgl. »Nacht. Vor Gretgens Haus« 15–32). Faust ist ein Zauberlehrling, der das rückverwandelnde Wort nicht vergißt, sondern an dieser Stelle bewußt verwirft (diese Ballade ist ein Seitenstück zu *Faust*!) und sich dadurch von der positiv und unbeeinflußbar gewordenen Vergangenheit abhängig macht.

1157 *Warum nicht ich in der meinen:* Die Behauptung, er habe eine Sprache, steht in direktem Widerspruch zur Behauptung der Namenlosigkeit. Fausts »Sprache«, im religiösen Sinn Nicht-Sprache, ist ihrem Anspruch und ihrer Richtung nach luziferisch. Gretchens Einwand 1160 trifft genau.

1172 *vor den Menschen:* vor dem Menschen (Mephisto). In der ganzen Passage bestätigt Gretchen ihre physiognomische und atmosphärische Fühlfähigkeit für die Wirkungskreise von Geist und Mensch. Als Antwort darauf entwickelt ihr Körper eine Sprache, deren Zeichen sie 1161 bis 1185 beschreibt. Dies ist die authentische Sprache zur Beantwortung von Fühleindrücken.

1173 *Schelm:* Bösewicht (stärkere Bedeutung als 1054).

1175 *ein Kautz wie's mehr noch geben:* ein sonderbarer Mensch, wie es schon häufiger gegeben hat (einige Kommentatoren sehen in »geben« eine Nebenform der Frankfurter Umgangssprache für »gibt«).

1203–05 *Hier ist ein Fläschgen . . . die Natur:* Rameckers (*Der Kindesmord in der Literatur der Sturm- und Drang-Periode*, S. 149) zitiert ein Volkslied *Der Wirtin Töchterlein*, wo ebenfalls der Mutter ein Schlaftrunk verabreicht wird.

1213 *Grasaff:* zu Goethes Zeit vor allem im Elsaß gebräuchlicher Ausdruck für ein »naseweises und unreifes Mädchen« (Loeper I, S. 151). Auch frankfurterisch; von Goethe nicht selten gebraucht.

1225 *verlohren werden soll:* verdammt werden soll.

1228 *Spottgeburt von Dreck und Feuer!:* »Spottgeburt« verstehe ich als ›groteskes Mischgeschöpf‹; »Dreck« bezeichnet Mephistopheles als Erddämon nach Paracelsus (vgl. Kap. III), »Feuer« dürfte auf den Teufel verweisen (nach *Faust I*, 1377, hat der Teufel sich dieses Element vorbehalten). Einzige Stelle im *Urfaust*, wo über Mephistos Herkunft gesprochen wird.

1229 *die Phisiognomie versteht sie meisterlich:* ironisches

Kompliment für die Richtigkeit der physiognomischen Aussagen Gretchens (vgl. Anm. zu 534); es wird aber zur Verhöhnung der ganzen Physiognomie dadurch, daß Gretchen ja nur ein »Mäskgen« physiognomisch, d. h. auf Charakter und Wesen hin, interpretiert.

1231 *borgnen:* verborgenen.

1235 *Hab ich doch meine Freude dran:* Mit der sich anbahnenden sexuellen Beziehung zwischen Faust und Gretchen erreicht Mephisto als christlicher Teufel die Verführung Gretchens zur Sünde; er erreicht als magisch gebundener Dämon die Schwächung seines Meisters, »denn die Götter wollen [...] einen Menschen nicht erhören, der nicht viele Tage lang sich des Genusses der sinnlichen Liebe enthalten hat« (Agrippa, *De occulta philosophia* III,64; *Magische Werke* III, S. 367 f.). Mit dem von Mephisto durch Margaretes Vermittlung anvisierten Sinnengenuß Fausts werden diesem also die magischen Kräfte vollends entzogen. Das Werkzeug ist zum Herrn geworden und hat mit Recht Freude daran.

Am Brunnen

1239 *hat sich endlich auch bethört:* sich bethören: sich verführen lassen.

1247 *Curtesirt:* curtesiren: umschmeicheln, den Hof machen.

1252 *das Blümgen:* die Jungfräulichkeit.

1260 *Im Sünderhemdgen Kirchbus thun:* öffentliche Anprangerung des außerehelichen Geschlechtsverkehrs, insbesondere bei Frauen, deren Schwangerschaft oder außereheliches Kind die »Sünde« nachweisbar machte. Die Kirchenbuße, die über die harten weltlichen Strafen für Ehebruch und Hurerei hinaus von der Kirche praktiziert wurde, geschah in protestantischen Ländern durch den Pfarrer vor versammelter Gemeinde – die Sünderin kniete im Hemd – und hatte nicht wie in frühchristlicher Zeit die Wiederaufnahme des gefallenen Gemeindeglieds, sondern Abschrekkung, Strafe und völligen Ehrverlust zum Ziel. Die katholische Kirche übte seit Ende des Mittelalters die öffentliche Kirchenbuße nicht mehr und sorgte über die Ohrenbeichte für Regelung. In der protestantischen Kirche kam sie gegen Ende des 16. Jh.s vielerorts außer Gebrauch; die Tugendstrenge des frühen Bürgertums und der Zugriff des absoluten Herrschers auf die Geschlechtsmoral seiner Untertanen verstärkten im 18. Jh. die Tendenzen zur Wiedereinführung, denen immer lauter werdende Proteste der Aufklärer entgegenstanden. Goethe konnte in Sachsen-Weimar erst 1786 ihre Abschaffung durchsetzen. – Für einige Länder hat sich nachweisen lassen, daß es gerade der öffentliche Ehrverlust durch die Kirchenbuße war, der in verstärktem Maße die Tötung außerehelicher Kinder zur Vertuschung der »Sünde« nach sich zog. Die Szene ist deshalb wichtig, weil in dem Verhalten Lieschens (und Margaretes!) Normen und Denkweisen deutlich werden, die seither Margaretes Bewußtsein bestimmt hatten, vielleicht sogar in besonders starkem Maße (vgl. 1270–73), und gegenüber denen sie nun ein neues Normensystem aufbauen muß.

1264 *Er ist auch durch:* »durch« hier elliptisch: durchgegangen, geflohen.

1265–67 *Kriegt sie ihn ... Thür:* Wenn er trotz seiner Flucht zur Heirat mit ihr gebracht werden kann, wird die nicht mehr jungfräuliche Braut von den Altersgenossen verhöhnt, indem der Brautkranz zerrissen und statt Blumen Häcksel vor ihre Tür gestreut wird. Diese Bräuche waren gängig.

1268 *schmälen:* herziehen, Übles reden. Margarete hatte an dem sozialen Druck auf andere, an der Durchsetzung der engen Normen bürgerlicher Selbstbegrenzung kräftig mitgewirkt.

1274 *seegnet mich:* hielt selbstgerecht meinen Lebenswandel für gut; nach 5. Mose 29,19.

1275 *bin ... der Sünde blos:* stehe dem Sündenvorwurf wehrlos gegenüber (Ausdruck der Fechtersprache; nach Schmidt und Morris).

Zwinger

vor 1278 *Zwinger:* Gang zwischen den letzten Häusern und der Stadtmauer, manchmal auch zwischen äußerer und innerer Mauer. Man pflegte dort Andachtsbilder in Nischen aufzustellen. Mater dolorosa ist ein Bild der Maria als ›Schmerzensmutter‹, am Kreuz Christi stehend, seinen Tod beweinend, die Brust oft von einem Schwert durchbohrt. Grundlage dieser Bildvorstellung wie auch einer Reihe von Anspielungen ist die mittelalterliche Sequenz *Stabat mater dolorosa*, die dem Franziskaner Jacopone da Todi (gest. 1306) zugeschrieben wird. In der Gegenüberstellung zu dieser Sequenz erkennt man die sich bildende neue Religiosität Margaretes (vgl. Kap. V,1).

1282 *Mit tauben Schmerzen:* so stark, daß die schmerzende Stelle schon fühllos geworden ist.

1299 *Scherben:* Blumentöpfe.

Dom

vor 1311 *Exequien der Mutter Gretgens:* Totenmesse für die durch die (wiederholte oder zu hoch dosierte?) Verabreichung des Schlaftrunks im Schlaf gestorbene Mutter. Der »böse Geist« verführt nicht zum Bösen, sondern zur Verzweiflung und zur Leugnung der göttlichen Gnade. Darauf beruht auch die Behandlung der mittelalterlichen Sequenz der Totenmesse, von der Goethe zwei Zeilen der ersten Strophe, die sechste und siebte Strophe ganz verwendet und den Geist einige Stichwörter aus den zwischenliegenden Strophen zitieren läßt. Die Wiederholung 1370 gehört nicht in den Text der Sequenz; diese geht vielmehr mit der achten Strophe zur Bitte um Rettung, Trost und Hoffnung über. Dazu läßt es der »böse Geist« für Gretchen nicht kommen.

1314 *verblätterten:* vom vielen Blättern abgegriffenen.

1326 *Brandschande Maalgeburt:* aufzulösen wahrscheinlich

in ›Brandmal‹ und ›Schandgeburt‹; der Geist redet also in Verschränkung und Neuzusammensetzung so, daß das Miteinander dieser als Grund und Folge getrennten Aspekte des ungeborenen Kindes sich grotesk-erschreckend zeigt. Vielleicht Nachahmung von Spracheigentümlichkeiten, die böse Geister nach Swedenborg haben; er hörte z. B. einige, welche »mit einem heischen [d. h. heisern] Schall, als wäre er in zwei Theile gespalten, redeten« (Oetinger, *Swedenborg*, S. 33).

1332 *Wieder mich:* meist erklärt als ›gegen meinen Willen‹, malgré moi.

1333 f. *Dies irae ... in favilla:* »Tag des Zorns, jener Tag wird das Zeitliche in Asche zerstäuben«; Beginn der Sequenz der Totenmesse, die Thomas von Celano (1190–1260) zugeschrieben wird (vgl. Kap. V,2).

1335–42 *Grimm fasst dich! ... Bebt auf:* Der Geist faßt vor allem den Inhalt der folgenden Strophen zusammen, greift aber auch schon auf spätere Formulierungen vor. Zu 1335 vgl. V. 4 der Sequenz: »Quantus tremor est futurus«; zu 1336 f. »Tuba mirum spargens sonum / Per sepulcra regionum« (V. 7 f.); zu 1338 f. »Cor contritum quasi cinis [...] resurgit ex favilla« (V. 50, 53); zu 1340 »Flammis acribus addictis« (V. 47).

1346 f. *mein Herz / Im tiefsten löste:* Gretchen nimmt hier selbst Bezug auf V. 50 der Sequenz: »Cor contritum quasi cinis«.

1348–50 *Iudex ergo ... remanebit:* Str. 6 (V. 16–18) der Sequenz: »Wenn der Richter dann zu Gericht sitzen wird, wird das Verborgene offenbar werden und nichts ungerächt bleiben.«

1356–59 *Verbirgst du dich! ... Lufft! Licht!:* Der Geist wiederholt sozusagen höhnend Gretchens Gedanken an Rettung: ›Wie willst du dich verbergen? Als könnten deine Sünde und Schande verborgen bleiben!‹ Mit »Lufft! Licht!« äfft er nur noch ihre Hilferufe nach.

1361–63 *Quid sum ... securus:* Str. 7 (V. 19–21) der Sequenz: »Was werde ich Elender dann sagen, welchen Schutzheiligen anflehen, wenn kaum der Gerechte Selbstvertr hat?« Die Wiederholung 1370 ist in der Sequenz nicht vorgesehen, die vielmehr nach Str. 7 zur Hoffnung auf die göttliche Gnade übergeht. Dazu will es der »böse Geist« nicht kommen lassen, und der Chor spielt gewissermaßen mit ihm zusammen, indem er die Zeile wiederholt. Gretchen erfährt die Kirche nicht mehr als rettende, sondern nur noch als rächende Institution. In ihrem Gewissen hat der »böse Geist« gesiegt; gerettet wird sie in diesem entscheidenden Moment durch das selbständige Ausdruckshandeln ihres Körpers, das ja schon bei Mephisto so exakt gearbeitet hat.

1371 *Fläschgen:* kleine Gefäße mit scharfem Riechsalz, im 18. Jh., der Zeit der Wespentaillen und Schnürleiber, wichtige Utensilien für die Damen, die häufig wegen Sauerstoffmangels in Ohnmacht fielen.

Nacht. Vor Gretgens Haus

vor 1372 *Vor Gretgens Haus:* Die Ortsangabe wird durch die Bedeutung von »Grete« als »leichtfertiges, sittenloses mädchen« (Jacob und Wilhelm Grimm, *Deutsches Wörterbuch*, Bd. 4,1,6, Leipzig 1935 [Nachdr. München 1984], Sp. 199) zweideutig. – Die Gestalt des rächenden Bruders ist häufig in der Literatur; Shakespeares Laertes im *Hamlet* liegt wegen der Ophelia-Anspielungen der Kerkerszene als Bezugsfigur nahe.

1374 *den Flor:* die Blüte, die Schönheit.

1376 *das Lob verschwemmt:* Jedes Lob wird mit einem Trunk auf die gepriesene Dame gefeiert und bekräftigt.

1394 *ein böser Schuldner:* einer, der nicht zahlen kann und sich alle Beschimpfungen und Vorwürfe anhören muß.

1398–1402 *Wie von dem Fenster ... Busen nächtig:* vgl. Anm. zu: vor 1 *Nacht.*

1403 *den Käzlein schmächtig:* dem schmächtigen Kätzlein –

vom vielen Singen und Kämpfen sind die Kater in der Brunstzeit abgezehrt.

1416 *wie ein Wassersturz:* Die ganze Rhetorik der Stelle – Wassersturz, Felsenzertrümmerung, Hüttchen auf dem Alpenfeld, Untergrabung – klingt falsch und stilisiert Faust da zur Naturgewalt, wo er als Mensch hätte für einen andern Menschen Verantwortung tragen müssen. So erfindet er objektive Zwänge – er »mußte« ihren Frieden untergraben (1426), die »Hölle« wollte ein »Opfer« (1427). Dieser hohle Heroismus voll Selbstbedauern verdeckt auch, daß Faust noch jetzt, nach dem Mord an der Mutter (!), mit Gretchen seinem Vergnügen nachgeht (1409–12), daß er auch in Zukunft nichts zu ändern gedenkt – er könnte ja Gretchen ohne weiteres retten –, denn »ihr Geschick« (1430) ist ihm bewußt, daß er aber nicht »zu Grunde gehn« (1431) wird, das ist ihm durch den noch lange nicht abgelaufenen Pakt mit seinem höllischen Diener klar (auch für den *Urfaust* muß ein solcher Vertrag angesetzt werden, der ihn jedenfalls am Leben halten wird). Aber Faust idealisiert Gretchen nicht mehr – sie ist »mit kindlich dumpfen Sinnen ... Umfangen in der kleinen Welt« (1418–21). Dieses realistische Bild, das am Anfang für Margarete galt, hätte ihr ganzes Verhältnis verändert; jetzt gilt es nicht mehr, da sie auf dem Wege zur selbständigen Persönlichkeit ist – jetzt ist es nur Ausdruck der Ernüchterung Fausts, für den sie nicht mehr reizvoll ist, nachdem er sie aus ihrer kleinen Welt gezerrt hat: er sieht immer noch nicht, was wirklich ist, sondern projiziert wieder ein falsches, diesmal entidealisiertes und veraltetes Bild auf sie.

1432 *brozzelt:* Man vergleiche die Sprache, die das Werkzeug Mephisto sich gegen Faust herausnimmt (»Thor«, 1433; »so ein Köpfgen«, 1434), mit der Selbststilisierung des Herrn als Zertrümmerer, der titanisch die Felsen faßt, als Naturgewalt, die mit übermenschlicher Wucht wirkt, um die Rhetorik dieser Schuldabwälzung durch Fiktion der Naturnotwendigkeit zu ermessen. Faust ist hier absolut verächtlich gemacht.

[Faust, Mephistopheles]

1 *Erbärmlich auf der Erde lang verirrt!:* Dies läßt erkennen, daß Gretchen aus ihrer Stadt geflohen war und wieder eingefangen wurde oder, wie Susanna Margaretha Brandt mittellos geworden, wieder zurückkehrte.

5 *das hast du mir verheimlicht!:* Faust hatte ihn 1428 gebeten, ihm die Zeit bis zur Vollendung von Gretchens Schicksal zu verkürzen; Mephisto hat dies mit »abgeschmackten Freuden« (11) getan – Hinweis auf die später vor die Szene eingefügte »Walpurgisnacht«.

17 *Hundsgestalt:* wahrscheinlich auch Hinweis darauf, wie Goethe sich schon im *Urfaust* die Annäherung Mephistos dachte. Wichtig ist, daß Faust jetzt jede magische Gewalt über den Großen Geist und über Mephisto verloren hat (vgl. Anm. zu 1145–50).

33 f. *Gemeinschafft mit uns:* Mephisto ist also nicht ein Individuum, sondern entweder der Repräsentant einer Geisterhierarchie oder die Materialisation eines abstrakten Verhältnisses zu Gott und zum Bösen. Faust ist immer auf diese täuschende sichtbare Individualität hereingefallen; das war der Sinn der Rede des Erdgeistes, er gleiche dem Geist, den er begreife, und dies wiederum hat ihn an den Gesellen »geschmiedet« (40 f.) – wenn man überhaupt diesen Vorwurf Fausts ernst nehmen will inmitten all seiner bombastischen Rhetorik der Schuldabwälzung. Auf die Frage, wer sich wem aufgedrängt habe, hat er keine Antwort.

38 *Groser herrlicher Geist:* Gemeint ist zweifellos der Erdgeist, der ihn seiner Erscheinung gewürdigt und sein »Seelen Flehn« (136) erkannt hat. Faust schätzt ihn jetzt in seiner Unendlichkeit richtig ein; seine Erkenntnis ist gewachsen, seine magische Kraft hat er verspielt durch seinen modern magischen Verzicht auf Wortmagie (vgl. Anm. zu 1145–50) und seine Schwächung durch sinnlichen Genuß (vgl. Anm. zu 1235). Durch diese entscheidende Veränderung Fausts zur Modernität hin ist er machtlos über Me-

phisto geworden; der Diener, der ihm Genuß verschaffen und das Leben technisch erleichtern sollte, hat sich zum Herrn gemacht; die Moderne ist – abgesehen von Mephisto als »Teufel« – von ihren durch die Magie der Wissenschaften und der Technik erarbeiteten Errungenschaften (vgl. Anm. zu 24) abhängig geworden.

56 *Blutschuld:* Seit dem 13. Jh. lag die Blutgerichtsbarkeit bei den weltlichen Herren; die Urteile wurden aber im Namen Gottes gesprochen. Faust wird hier wohl als Mörder Valentins gesehen (vgl. die Valentin-Szene in *Faust I*) und ist in Abwesenheit verurteilt worden; das unvollstreckte Urteil liegt als Blutschuld auf der Stadt, und Mephistopheles kann diese christliche Magie nicht durchbrechen.

64 *alle Macht im Himmel und auf Erden:* vgl. Mt. 28,18. *Türners:* Turm- oder Gefängniswächters.

Nacht. Offen Feld

1436 *Rabenstein:* Bezeichnung für Richtstätte, allerdings nicht des Richtplatzes für Margarete; sie wird auf dem Marktplatz enthauptet (vgl. »Kerker« 98 f.; *Faust I*, 4587 bis 4589).

1439 *Hexenzunft:* Anspielung auf Shakespeares *Macbeth*. Macbeth nähert sich aber den Hexen und erhält von ihnen Auskünfte über seine Zukunft; Faust dagegen wird von Mephistopheles weitergedrängt: der Moderne ahnt das Schicksalhafte nur noch in dunkler, ›romantischer‹ Ferne, außerdem ist er zum Befehlsempfänger seines Dieners geworden.

Kerker

1 f. *Inneres Grauen der Menscheit:* »Menschheit« bezeichnet in der Goethezeit das Wesen des Menschen. Das Grauen bei der Frage ›Was ist der Mensch?‹ bezieht sich einerseits auf das, was aus Margarete geworden ist, andererseits auf

Faust, der sie so weit gebracht hat. Margaretes antwortendes Grauen 110.

3 *zögert:* zieht durch seine Langsamkeit.

4–12 *Meine Mutter ... Fliege fort!:* Lied aus dem Märchen vom Machandelboom. Die in dem Märchen erzählte Bestrafung der schlimmen Mutter, die wunderbare Rettung des Kindes sind für Margarete ein utopisches Versprechen, daß ihre Situation im Sinne poetischer Gerechtigkeit gelöst werden wird. In Shakespeares *Hamlet* singt Ophelia, geistig verwirrt durch das Verhalten Hamlets, volksmäßige Lieder, die ihre Sehnsüchte aufdecken. Die literarische Beziehung zu *Hamlet* geht wie die zu *Macbeth* über die Stelle der Anspielung weit hinaus (vgl. in Kap. IV den Abschnitt »Beziehung zu anderen Dichtungen«).

21 f. *die Blumen ... die Kron:* ein imaginärer Brautkranz; vgl. 97.

25 *Sie verirrt und ich vermags nicht:* Sie redet irre, und ich verkrafte das Ganze nicht. Der Felsenzertrümmerer Faust denkt wehleidig darüber nach, wie wohl er diese Aufregung durchstehen wird.

28 *Liedger:* Plural in Frankfurter Mundart. Lieder über gräßliche Morde und Skandalgeschichten, auf dem Markt von Bänkelsängern vorgetragen, erfüllten die Funktion der heutigen Regenbogenpresse.

34 *Heulen und Zähnklappen:* vgl. Mt. 8,12.

39 *Mörder:* Schuldbekenntnis Fausts; später, in *Faust I*, gestrichen. Margaretes Grauen vor ihm ist dann noch mehr gerechtfertigt.

63 f. *Wische sie ab ... Es ist Blut dran:* Blut vom Mord an Valentin. Erinnerung an Lady Macbeth.

99–101 *Die Glocke ruft! ... Die Glocke hör:* Gedacht ist vielleicht, daß Margarete die Armesünderglocke, die Hinrichtungen einläutet, zunächst in der Imagination vorwegnimmt und daß die Glocke dann tatsächlich ertönt. Mit dem Zerbrechen eines Holzstäbchens über dem entblößten Nacken des Delinquenten zeigte der Richter an, daß das Leben des Verurteilten endgültig und von da an unwiderruflich verwirkt ist; dann hatte der Henker mit dem Richtschwert zu walten.

105 *Gericht Gottes komm über mich:* Wenn Margarete Gottes Gericht zum Schutz vor dem Teufel anruft, dann erwartet sie von seiner Gerechtigkeit und Gnade eine Beurteilung ihrer Taten, die mit der des Teufels nicht übereinstimmt, z. B. die Rechtfertigung ihres Gefühls, daß ihre Hingabe an Faust »gut« war (1277). Sie hat zu einer neuen Form von Religiosität gefunden, die den Leib, den inbrünstigen Kuß, die Umarmung einschließt, mit der »ein ganzer Himmel ... gewaltig über mich eindrang« (47 f.). Dem Gericht eines Gottes, der auch die Sinne heiligt und dem die leibliche Liebe »gut« ist, unterwirft sie sich und vertraut, daß der christlich-kirchliche Teufel unrecht haben wird, der die Tabuisierung des ›Fleisches‹ vertritt. Sie unterwirft sich auch für ihre tatsächlichen Verbrechen dem Menschengericht und verzichtet auf die angebotene Flucht. Mit dieser differenzierten Neubildung eigener und Anerkennung öffentlicher Normen und Werte zeigt Margarete, daß sie sich von dem mit kindlich dumpfen Sinnen in ihrer kleinen Welt umschlossenen Mädchen zu einer Persönlichkeit von hoher sittlicher Reife entwickelt hat, die mit dem Ausdruck des Grauens vor Faust schließlich sogar fähig wird, den anwesenden Faust, der Liebe bedeutet hat und Befreiung bedeuten könnte, mit dem Ausdruck des Grauens (vor seiner Entfernung von der »Menschheit«) von sich zu weisen und dann mit seinem Namen gewissermaßen erneut in sein eigentliches Wesen zu rufen. Die »Stimme von oben« in *Faust I* und die Aufnahme in die Gruppe der büßenden Sünderinnen in der Nähe der Muttergottes zeigen Goethes deutliche Absicht, Margaretes neue Religiosität und Sittlichkeit zu rechtfertigen.

108 *Ich lasse dich nicht!:* Bezug auf Jakobs Ringen mit dem Engel, in dem Jakob siegt und, als Repräsentant, den Namen des auserwählten Volks Gottes »Israel« erhält (1. Mose 32,25.27.29). Faust, ebenfalls Repräsentant (der neuzeitlichen Menschheit), hätte hier wie am Ende von

Faust II Begründer eines auserwählten Volks Gottes werden können und sollen, aber er versagt dort wie hier, tönt hohle Rhetorik und hat eben die Liebe nicht mehr, die Margarete nun zum Grund ihres Gottvertrauens macht, dieselbe Liebe, die auch ihm selbst die Erfahrung der himmlisch-ewigen Wonne und einen Moment von Glaube und Hoffnung an die Liebe gegeben hatte (vgl. Anm. zu 1040–43). Wenn auch dies unzerstörbar bleibt und ihn vor dem endgültigen Zugriff Mephistos bewahren soll, so ist die Liebe zu Margarete erkaltet; während für sie irdische und himmlische Liebe eins sind, hat er sie nur als Instrument zur Erlangung eines kurzen Sinnengenusses und der staunend erfahrenen ewigen Wonne benutzt und gedachte sie nur zu befreien, um sein Gewissen zu beruhigen. Sein »Engel« wendet sich mit Grauen von ihm wie von Mephistopheles.

109 *Ihr heiligen Engel bewahret meine Seele:* vgl. Ps. 34,8 f.: »Der Engel des Herrn lagert sich um die her, so ihn fürchten, und hilft ihnen aus. Schmecket und sehet, wie freundlich der Herr ist. Wohl dem, der auf ihn traut!«

111 *Sie ist gerichtet!:* Auf diese Formulierung liefen alle Puppenspiele zu, bezogen sie aber auf Faust. Dadurch entsteht am Schluß des Stücks eine Frage, die es offenhält. Für diejenigen, die an Margaretes neuer Religiosität teilnehmen, entsteht das Problem, ob die Drohung ernst oder nur eine komisch-ohnmächtige Geste ist; für diejenigen, die Margarete in ihrer neuen Religiosität nicht folgen, entsteht z. B. die Frage, ob hier die richtige Person gerichtet wird, von der Gesellschaft, von der Kirche, von der rächenden Gottheit: hier werden also die Normen und auch der Kirchenglaube auf die Probe gestellt, da sich ›poetische‹ Gerechtigkeit nicht einstellen will. Im Sinne der tragischen Sicht des *Urfaust* wird Margaretes Schicksal zur Entsprechung Fausts: wie dieser mit der »prätendierten Freiheit seines Wollens« an den Grenzen des Menschseins und deren historischer Notwendigkeit sich aufreibt, so Margarete mit ihrer Liebe an den historischen Bedingungen und Grenzen

ihrer Zeit und ihres eigenen Denkens, vor allem aber an der Tatsache, daß Liebe immer auf die Gegenliebe, den tragenden und sichernden Beistand des Partners vertrauen muß und angewiesen ist. Ihre Tragik hat also wie die Fausts eine Komponente der notwendigen Geschichtlichkeit menschlichen Daseins, ist aber ebenfalls durch die Grenzen des Menschseins begründet und durch die von Goethe herausgearbeitete Unfähigkeit des neuzeitlichen Menschen zur dauerhaften Bindung unausweichlich gemacht.

II. Geschichte des Faust-Stoffs bis zu Goethes *Urfaust*

Die erste gedruckte Bearbeitung des Stoffes, die wahrscheinlich auf ältere handschriftliche Darstellungen zurückgriff, erschien 1587:

> HISTORIA Von D. Johann Fausten / dem weitbeschreyten Zauberer vnnd Schwartzkuͤnstler / Wie er sich gegen dem Teuffel auff eine benandte zeit verschrieben / Was er hierzwischen fuͤr seltzame Abentheuwer gesehen / selbs angerichtet vnd getrieben / biß er endtlich seinen wol verdienten Lohn empfangen. Mehrertheils auß seinen eygenen hinderlassenen Schrifften / allen hochtragenden / fuͤrwitzigen vnd Gottlosen Menschen zum schrecklichen Beyspiel / abscheuwlichen Exempel / vnnd treuwhertziger Warnung zusammen gezogen / vnd in den Druck verfertiget. IACOBI IIII. Seyt Gott vnderthaͤnig / widerstehet dem Teuffel / so fleuhet er von euch. Cvm Gratia et Privilegio. Gedruckt zu Franckfurt am Mayn / durch Johann Spies. M. D. LXXXVII.

Davon erschienen allein bis 1592 vierzehn Abdrucke, von denen einige neue Abenteuer Fausts zu den durch Spieß erzählten hinzufügen. Von diesem Buch leitet sich eine Volksbuchtradition und eine Tradition dramatischer Bearbeitungen ab.

Die Volksbücher vom Doktor Faust

Eine auf den dreifachen Umfang angeschwellte Bearbeitung durch Georg Rudolf Widmann erschien in Hamburg 1599; der Verfasser verwendet neues handschriftliches Material über Faust, gibt eine große Zahl theologischer und kirchengeschichtlicher Erläuterungen und geht dem Ursprung und den

Parallelen der Zaubersagen nach, die Faust zugeschrieben wurden.
Eine Bearbeitung des Widmannschen Werkes durch den Arzt Johann Nicolaus Pfitzer erschien 1674 und brachte es auf Neuauflagen bis 1726. Sie ist im Geist der Frühaufklärung geschrieben und behandelt Faust im Rahmen vieler Parallelgestalten. Das Groschenheftchen eines »Christlich Meynenden«, das nur die Abenteuer Fausts aufzählt und auf Jahrmärkten verkauft wurde, erschien 1725. Goethe erwähnt in *Dichtung und Wahrheit* (Buch I) die Lektüre solcher Büchlein, die das Bedürfnis nach phantastischer Literatur meist aus alten Quellen befriedigten. Es ist anzunehmen, daß ihm dabei auch dieses Faust-Heftchen untergekommen ist; später griff er auch auf Pfitzer, jedoch nicht auf Spieß zurück.
Neben diesen mit der Geschichte von Faust befaßten Werken gab es entsprechende über seinen Famulus Wagner, ferner eine Anzahl ihm zugeschriebener Zauberbücher und »Höllenzwänge«, die zur Geisterbeschwörung und zum Schatzgraben benötigt wurden und selbst wie Schätze gehütet und gehandelt wurden. Am 20. November 1829 berichtet Goethe seinem Freund Zelter, daß die Weimarische Polizei »vor Kurzem im Neustädter Kreise ein dergleichen Nest von Schatzgräbern ausgehoben« habe »und damit ein Dutzend solcher Wunderschriften«, von denen eine die Bearbeitung des Faustschen *Höllenzwangs* war. Man ermißt daran, welche Faszination die Figur Fausts noch vor fünf oder sechs Generationen ausübte – abgesehen von den literarischen Bearbeitungen des Stoffes, deren Kette bis in unsere Gegenwart nicht abreißt.

Die dramatische Tradition

Auf der Basis einer Übertragung des Spießschen Faustbuchs ins Englische (1588) schrieb der neben Shakespeare größte Dramatiker der Elisabethanischen Epoche, Christopher Marlowe, eine *Tragicall History of D. Faustus* (1589), ein erfolgreiches Bühnenstück, das zu den um die Wende zum

17. Jahrhundert europäisch verbreiteten Warndramen gegen die Selbstüberschätzung der Wissenschaft gezählt werden kann (die *Historia* von Spieß ist ebenfalls Warnliteratur) und wesentliche Elemente theaterwirksam formuliert, die selbst noch das davon mehrfach abgeleitete Puppenspiel für Goethe bedeutend machten – die vermeinte Gottähnlichkeit des Magiers, das Problem der Verfügung über sich selbst, das Problem der Unaufhaltsamkeit der Zeit.

Wieder auf den Kontinent kam Marlowes Stück durch die Wandertruppen der englischen Komödianten, die seit etwa 1580 die Länder des Kontinents bereisten und die um der Wirksamkeit für ein des Englischen nicht mächtigen Publikums willen die theatralischen Effekte zu verstärken und die Handlung zu vergröbern pflegten. Aber noch 1770 gastierte die Ilgnersche Theatertruppe mit einem inzwischen ins Deutsche übertragenen Marloweschen *Faustus* in Straßburg; Goethe mag eine Aufführung gesehen haben, was die Ähnlichkeit z. B. der Fakultäten-Aufzählung im Anfangsmonolog erklären würde – das Original Marlowes hat er erst 1818 gelesen.

Auch die Puppenspieler bemächtigten sich dieser Dramatisierung; 1608 läßt sich eine erste Aufführung in Graz nachweisen. Die frühen Texte sind verloren; die im 19. Jahrhundert gesammelten Versionen zeigen süddeutsche, katholisch beeinflußte neben norddeutschen, eher protestantischen Varianten. Wie Goethe den Faust-Stoff kennenlernte, ist ungewiß; daß er in *Dichtung und Wahrheit* von der »bedeutenden Puppenspielfabel« spricht, kann ›Fabel des bekannten Puppenspiels‹ heißen, aber auch ›Fabel für ein Puppenspiel‹, denn noch 1774 ließ er seine Fastnachtspiele und Farcen unter dem Sammeltitel *Neueröfnetes moralisch-politisches Puppenspiel* veröffentlichen; die dort verwendeten Knittelverse erscheinen ja auch im *Faust*.

Lessing zitierte am Schluß seines berühmten 17. Literaturbriefs 1759 ein Fragment einer *Faust*-Bearbeitung, das einem Straßburger Puppenspieltext entnommen zu sein scheint. Er selbst hegte offenbar lange Zeit Pläne eines Faust-Dramas, über die Engel und Blankenburg berichten; der vom Teufel verführte und verdorbene Faust soll nur ein »Phantom« sein, dessen Weg der eigentliche Faust im Traum verfolgt und sich zur Warnung dienen läßt; die Wißbegierde als »der edelste der Triebe« des Menschen soll nicht mehr pauschal verurteilt, sondern nur in ihrem Übermaß als Laster kritisiert werden.

Deutschland, »verliebt ... in seinen ›Doktor Faust‹«

So schrieb Lessing im 17. Literaturbrief, um Stücke dieser Art für die Erneuerung des deutschen Theaters zu empfehlen und von den Nachahmungen klassizistischer französischer Dramen wegzukommen; Shakespeare liege dem Geschmack der Deutschen näher und solle eher zum Muster erhoben werden als Corneille. Die Verliebtheit in den Faust-Stoff, von der nicht nur deutsche Bearbeitungen zeugen, und Lessings Einschätzung, mit diesem Stoff in einer an Shakespeare orientierten Bearbeitung wäre das deutsche Theater von Grund auf zu verändern, diese beiden Anreize mögen es gewesen sein, die es Goethe nahelegten, unter seinen vielen Theaterplänen den Faust-Stoff zu verwirklichen und gewissermaßen als Sammelplatz einer Reihe von Dramenstoffen zu verwenden.
Was war es, das dem Stoff eine derartige Beliebtheit verschaffte? Einige Gesichtspunkte, die sich aus dem Vergleich der Bearbeitungen ergeben, sollen genannt werden. Der zitierte Titel des Faustbuchs von 1587 macht schon auf die Authentizität des Berichteten aufmerksam, die auch in den späteren Bearbeitungen und bis in Lokaltraditionen hinein erhalten blieb. Etwa von 1485 bis 1540 lebte ein »Magister Georg Sabellicus, Faustus junior«, der sich durch seinen zwielichtigen Wandel als Wahrsager, Zauberer und Teufelsbündler, durch prahlerisches Gehabe und publikumswirksame Tricks einen überregionalen Ruf verschaffte und damit zugleich zum Objekt der Angriffe verschiedenster Gruppen wurde: weil das Volk offenbar in gruselndem Staunen sich die Wundertaten und unerhörten Genüsse weitererzählte und

mancher wohl nicht übel Lust hatte, dem Beispiel Fausts zu folgen, sahen sich die Kirchen zur schärfsten Verfolgung des Volksverderbers veranlaßt. Sie benutzten – man sieht es aus Äußerungen Luthers und Melanchthons – Faust als konkreten Fall, an dem man zugleich der sich aus der Unterwerfung unter die Theologie emanzipierenden modernen Gelehrsamkeit einen Riegel vorschieben konnte, zumal der Scharlatan Faust sich gerade mit ältestem und neuestem Wissen brüstete. Dies wiederum veranlaßte die ernsthaften Gelehrten, die sich z. B. mit der Magie befaßten (vgl. Kap. I, Anm. zu 24), sich von dem Hochstapler abzusetzen. Jedenfalls vergrößerte sich Fausts zweifelhafter öffentlicher Bekanntheitsgrad dadurch so, daß er in regionaler und lokaler Tradition bis heute lebendig bleiben konnte wie von seinen Zeitgenossen nur Luther – man denke an die bis 1930 sichtbaren Fresken in Auerbachs Keller zu Leipzig, an die Tradition des Geburtsorts Knittlingen oder des Gasthofs in Staufen im Breisgau, wo ihn verdientermaßen der Teufel geholt haben soll.
Wie immer in solchen Fällen bemächtigte sich die Sage der Gestalt und schmückte in propagandistischer oder verurteilender Absicht Fausts Taten- und Sündenregister mit allem aus, was die Tradition seit der Antike von Magiern, Zauberern, Teufelsbündlern, Alchimisten zu berichten wußte. In diesem Sinne griff ihn die Warnliteratur im letzten Drittel des 16. Jahrhunderts auf; aus der historischen Gestalt war ein Inbegriff geworden, an dem die Problematik des neuzeitlichen, die Botmäßigkeit der Kirche und die Einordnung in den mittelalterlichen Stufenkosmos verlassenden Menschen, insbesondere des Gelehrten, sichtbar zu machen war. Faust, so berichtet die *Historia* von Spieß, »name an sich Adlers Fluͤgel / wolte alle Gruͤnd am Himmel vnd Erden erforschen / dann sein Fuͤrwitz / Freyheit vnd Leichtfertigkeit stache vnnd reitzte jhn also«.[1] Sein Vorsatz, »die Elementa zu speculieren«, bedeutet die selbständige Beobachtung und eifrige Aus-

1 *Historia von D. Johann Fausten*, Text des Druckes von 1587, krit. Ausg., hrsg. von Stephan Füssel und Hans Joachim Kreutzer, Stuttgart 1988, S. 15 (Kap. 2).

spähung der Naturgesetze; er setzt sich nicht nur über die Autorität der Kirche hinweg, indem er mit frecher Selbständigkeit (»Freyheit«) seiner Erkenntnisneugier (»Fůrwitz«) folgt, sondern auch über die bis dahin gültige Form wissenschaftlicher Erkenntnisgewinnung: nicht mehr aus Büchern, der Bibel und den anerkannten Autoren der Antike, sondern durch Naturbeobachtung und Forschung »am Himmel vnd Erden« wollte er neue Erkenntnis erlangen. Diese revolutionäre Zuwendung zur Natur, die Aufwertung der empirischen Erkenntnis und überhaupt Zuwendung zur Welt, die dann im Lebenswandel als verdammenswerter Sinnengenuß erscheint, kann nach orthodoxer Auffassung nur die Abwendung von Gott und vom Heil der Seele bedeuten, deren sich Faust am Ende seines sündhaften Lebens auch bezichtigt.

Neben wissenschaftlicher Empirie und moralisch legitimierter Sinnlichkeit kennzeichnet Faust den mit dem Terminus »Freyheit« schon angedeuteten Anspruch, darüber entscheiden zu wollen, was ihm im Bereich der Erkenntnis, der Lebenspraxis und der Religion genügt oder nicht. Er stellt fest, daß er für sein Vorhaben, »die Elementa zu speculieren / [...] auß den Gaaben / so mir von oben herab bescheret / vnd gnedig mitgetheilt worden / solche Geschickligkeit in meinem Kopff nicht befinde / vnnd solches von den Menschen nicht erlehrnen mag«.[2] Gottes Gaben, das überlieferte Wissen genügen ihm nicht, er entscheidet sich also, den Teufel zu Hilfe zu nehmen. Er ist der neuzeitliche Mensch, der die Entscheidung und die Verantwortung für sein Leben, die konstitutive Rolle des Subjekts, den Beweis seiner Freiheit selbst übernimmt, und nicht mit Unrecht bescheinigt ihm der streng lutheranische Verfasser des Faustbuchs von 1587 dafür »Hochmuht / Verzweifflung / Verwegung vnd Vermessenheit«[3], die Ursünden Luzifers.

Empirie und Sinnlichkeit sowie der Anspruch, über das eigene Selbst frei zu entscheiden, charakterisieren Faust als

2 Ebd., S. 22 (Kap. 6).
3 Ebd., S. 21 (Kap. 5).

spezifisch neuzeitlichen Menschen, dessen veränderte Denk- und Handlungsweise, Selbstverständnis und Weltbewältigung nicht nur mit den Bedingungen seiner traditionsgebundenen Umwelt kollidiert, sondern auch an die konstitutiven Grenzen des Menschseins stößt, die er überdies mit Hilfe des »Teufels« zu überwinden sucht. Dieses Wüten gegen die anthropologische Begrenzung ist ein bleibendes Problem, auch da, wo die mittelalterliche Welt schon versunken ist; es ist das Problem, das den Mythos von Faust bis heute lebendig gehalten hat. Zu diesem Urproblem stimmt es, daß wahrscheinlich aus der mit Faust verbundenen Simon-Magus-Tradition die Helena-Gestalt in Fausts Umkreis geraten ist und der Mythos sich damit durch eine weitere Urkonstellation der Beziehung zwischen Mann und Frau angereichert hat. Man kann also unterscheiden: eine anthropologische Grundschicht, die bis in Märchenstrukturen poetischer Gerechtigkeit hinein zeitlos ist, eine Schicht, die Faust als Typus des neuzeitlichen Menschen einem charakteristischen Anspruch und Schicksal ausgesetzt zeigt, endlich eine historische Übergangs- und Grenzsituation, in der sich das Neue und das Alte in Gestalt zweier Welt- und Wertsysteme, Mittelalter und Neuzeit, feindlich gegenüberstehen. Mit dem Absterben des Mittelalters wird diese Schicht, die dem ersten Faustbuch den Hauptantrieb verschaffte, immer blasser; es wird sich zeigen, daß Goethe den Kampf des Alten und Neuen jedoch auf neue Weise seiner Faust-Figur eingestaltete.

III. Entstehung des *Urfaust*

Entstehung

Goethes *Faust* ist im Zeitraum von etwa sechzig Jahren in vier Etappen entstanden: 1769–75, 1788–90, 1797–1806, 1825–31. Die erste Veröffentlichung ist *Faust. Ein Fragment* im 7. Band der *Schriften*, 1790; es enthält Teile des *Faust I* mit der großen Lücke zwischen Wagner-Szene und Schüler-Szene und endet mit der Szene »Dom«. 1808 erschien *Faust. Eine Tragödie* mit dem vollendeten ersten Teil. Noch zu Goethes Lebzeiten erschienen 1827 der 3. Akt des *Faust II* unter dem Titel *Helena, klassisch-romantische Phantasmagorie. Zwischenspiel zu Faust* im 4. Band der *Werke. Vollständige Ausgabe letzter Hand* und in deren 12. Band 1828 die Szenen am Kaiserhof aus dem 1. Akt des *Faust II* (V. 4613–6036). Den fertigen, von Goethe 1831 eingesiegelten *Faust II* gaben Eckermann und Riemer 1832 im 1. Band der *Nachgelassenen Werke* heraus.
Der *Faust* in seiner ursprünglichen Gestalt, der im vorliegenden Band kommentiert wird, ist also von Goethe nicht veröffentlicht worden; auch sein Manuskript ist nicht mehr vorhanden. Erst 1887 wurde im Nachlaß des Weimarer Hoffräuleins Luise von Göchhausen eine Abschrift der Szenen gefunden, die heute als »Urfaust« oder »Faust in ursprünglicher Gestalt« oder »Frankfurter Faust« bezeichnet werden. Um der Kürze des inzwischen populär gewordenen Begriffs willen wird in diesen Erläuterungen von *Urfaust* gesprochen, ohne daß damit gesagt sein soll, die Göchhausensche Abschrift (von 1776 oder 1777) enthalte erstens die früheste Fassung der überlieferten Szenen und zweitens alle bis dahin fertigen oder angefangenen Szenen.
Der Name »Docktor Faust« erscheint bei Goethe zum erstenmal en passant in dem Lustspiel *Die Mitschuldigen*, dessen 1. Fassung wohl in Leipzig 1768 entstanden ist. Er selbst verlegt die erste Beschäftigung mit der »bedeutenden Puppenspiel-

fabel« in die Straßburger Zeit und begründet sie folgendermaßen:

> Auch ich hatte mich in allem Wissen umhergetrieben und war früh genug auf die Eitelkeit desselben hingewiesen worden. Ich hatte es auch im Leben auf allerlei Weise versucht, und war immer unbefriedigter und gequälter zurückgekommen.[1]

Aufzeichnungen zu Faust aus dieser Zeit sind nicht vorhanden. Freunden erzählte er vom entstehenden *Faust* vom Sommer 1773 an; erst in einem Brief vom 17. September 1775 an Auguste von Stolberg erwähnt er ihn selbst: »ich machte eine Szene an meinem ›Faust‹«. Nach der Vorlesung des »halbfertigen« Stückes in den ersten Dezembertagen 1775 vor der Weimarer Hofgesellschaft ließ Goethe sein Drama offenbar liegen, bis er 1788 in Rom einen neuen Anlauf nahm. Man kann also mit hoher Wahrscheinlichkeit annehmen, daß die Szenen des *Urfaust* oder zumindest ihr größter Teil zwischen Sommer 1773 und Ende 1775 entstanden sind. Die Szene »Faust, Mephistopheles« (S. 56–58) wird als eine der frühesten angesehen und von einigen Forschern noch in das Jahr 1772 gesetzt.

Der »neuere Gebrauch« des Stoffes

In diesem Jahr 1772 las Goethe seines Lehrers und Freundes Herder Fragmente *Über die neuere deutsche Literatur* und äußerte sich besonders begeistert zu der Theorie des poetischen Ausdrucks im 3. Teil (an Herder, etwa 10. Juli 1772); auf diese folgt, gewissermaßen als ihre stoffliche Seite, die Fragmentgruppe *Vom neuern Gebrauch der Mythologie*. Wie der Ausdruck zwischen Empfindung und Gedanke vermittelt und sie verbindet, so ist Mythos in der Antike die Vermittlung und Verbindung von Geschichte und Idee, Sinnschöp-

1 *Dichtung und Wahrheit*, Buch X; HA 9, S. 413 f.

fung für die geschichtlichen Fakten durch Anbindung an das Gedenken der Ahnen, an heilige Orte und das Vaterland, an die Stiftung durch Götter – und in umgekehrter Richtung die Herabführung der Idee auf die Erde, Nachweis ihrer Stimmigkeit und Wirksamkeit an den Taten und Ereignissen des menschlichen Lebens. Aus dieser Definition leitet Herder die poetische Fruchtlosigkeit des zu seiner Zeit noch üblichen Verfahrens ab, Dichtung mit Figuren und Begebenheiten aus der antiken Mythologie auszuschmücken. Die Bindung des Mythos an die Geschichte und an die historisch sich verändernde Ideenwelt fordert im Grund die ständige Neubildung von Mythen, wenigstens aber den »neuern Gebrauch« der überlieferten, ihre Behandlung und Bearbeitung so, daß sie als Sinngebung zeitgenössischer Geschichte und als Allegorie gültiger Ideen fungieren. Die Veränderungen Goethes am überlieferten Faust-Stoff sind auf diesem Hintergrund zu sehen.

Eine folgenreiche Veränderung ist die Einführung der magischen Experimente mit Makrokosmos und Erdgeist. Wenn auch beide scheitern, so stellt doch das Paar von Zeichen kosmischer Ordnung und Schöpfungskraft eine Art von Aufgabe dar, die Faust in immer neuen Versuchen unter je veränderten Bedingungen zu lösen hat und die Goethe in dem zitierten Passus aus *Dichtung und Wahrheit* als Herumtreiben »in allem W i s s e n« und Versuche »im L e b e n auf allerlei Weise« andeutet; der Stellenkommentar in Kap. I geht in einer Reihe von Anmerkungen darauf ein.

Der Erdgeist stiftete auch für Mephistopheles eine Art zweiter Herkunft. Im Spießschen Faustbuch und in der Puppenspieltradition ist er schlicht ein Abgesandter der Hölle, durch seinen Eigennamen als Spezialteufel Fausts gekennzeichnet; daß auch Goethes Mephistopheles ein Teufel ist, wird mehrfach erwähnt (404, 495, 662, 1428). Nun behauptet Faust, der große Geist – mit Sicherheit der Erdgeist – habe ihn an den Schandgesellen geschmiedet (»Nacht. Vor Gretgens Haus« 40 f.); wenn man den Erdgeist nicht ganz unwahrscheinlicherweise als Satan versteht, dann muß Mephistopheles noch eine dem Erdgeist nähere ›mythische‹ Natur haben – er wird ja auch als »Spottgeburt von Dreck und Feuer« (1228) bezeichnet, wobei das Feuer als das höllische Element verstanden werden kann. So bietet es sich an, Mephistopheles auch als Erddämon zu verstehen, wie ihn eine Schrift des Paracelsus charakterisiert:

> [...] der Teufel ist die ärmste Kreatur [...]. Er hat auch kein Geld [...], er begehrt auch keiner Verschreibung mit eines Menschen Blut, oder sonst ein Verbündnis. Es sind aber andere, die solches begehren, das sind die sylphes oder pygmaei. Obwohl sie von Natur kleiner Person und Leibes sind, so können sie doch, wie sie wollen, groß, klein, schön oder ungestalt, in Herrlichkeit oder Armut, dem Menschen erscheinen, denn es mangelt ihnen keine Kunst, so weit das Licht der Natur vermag. Sie haben Kunst und Geldes genug, und alle Schätz, Silber und Gold und alle Metall in der Erde zu hüten und zu verwalten. [...] Und obwohl auch diese Geister dem Teufel nah verwandt und oftmals auch Gottes Henker sind, so sind sie auch oft unsere Warner, Wächter und Beschützer in großen Nöten, helfen einem oft aus dem Gefängnis, und dergleichen Hülfe mehr.[2]

Die Schmuckkästchen, die Verwandlungsfähigkeit, die Blutverschreibung in *Faust I*, das warnende Lied für Gretchen in *Faust I*, das Angebot der Befreiung aus dem Gefängnis sind hier zusammen, wie auch die Verbindung zwischen dem Erdgeist, dessen ›Erde‹ die Urmaterie und für den Menschen nicht begreifbar ist (vgl. Kap. I, Anm. zu: vor 107), und dem Erddämon (Sylphe), der dem gegebenen Element Erde und dem »Lauf der Welt« (1053), dem biologischen Naturmechanismus zugeordnet ist. Sein Mythos ist also doppelseitig: er bezieht sich einerseits auf Fausts böswilligen Begleiter, andererseits auf die Idee der Naturnotwendigkeit. Denn man kann

2 Theophrastus Paracelsus, *De occulta philosophia*; *Werke*, besorgt von Will-Erich Peuckert, Bd. 5, Darmstadt 1968, S. 149–152.

Mephistopheles auch als Prinzip, als Abspaltung des Faust-Prinzips des neuzeitlichen Menschen verstehen, das sich in einer bestimmten Phase seiner historischen Entwicklung seine technisch-materiellen Fähigkeiten gegenüberstellt und zuläßt, daß sie sich als Wissenschaften und Technik verselbständigen und vom Werkzeug zum Herrn entwickeln. Mephistopheles, die »schwankende Gestalt« (*Faust I*, 1) mit vielen »Mäskgen« (1231), verbindet also eine menschliche (vgl. Kap. I, Anm. zu 1106), eine prinzipielle und eine beide verbindende (doppelseitige) mythische Erscheinungsform und entspricht damit Herders hier skizzierter Mythopoetik. Wie die Verbindung des (ebenso komplexen) Faust mit dieser komplexen Figur, wie ihr Auftreten zu gestalten war, scheint 1775 noch nicht gelöst gewesen zu sein. Hätte es sich um den überlieferten Teufelspakt gehandelt, gäbe es sicher schon im *Urfaust* eine entsprechende Szene. Aber nicht einmal das *Fragment* von 1790 macht eine Andeutung.

Die auffälligste Einfügung in den Faust-Stoff ist das sogenannte Gretchen-Drama; die Figur Margaretes kommt bei Spieß nicht vor, und die Erwähnungen von Fausts Verhältnis zu einer armen Dienstmagd bei Pfitzer und dem »Christlich Meynenden« begründen keine Notwendigkeit für die Einführung dieses auch noch in *Faust I* umfänglichsten und handlungsreichsten Teils. Man kann ihn im Sinne des zitierten Passus aus *Dichtung und Wahrheit* verstehen als den Raum des »Lebens«, in dem Faust nach dem Scheitern im Raum des »Wissens« ebenfalls herunterkommen und verächtlich werden sollte, so daß die zwei Teile des *Urfaust* sich wie Abbilder von Makrokosmos- und Erdgeist-Begegnung im Leben Fausts darstellen. Man kann aber auch Margarete als Abspaltung aus dem neuzeitlichen Bewußtsein Fausts verstehen, nämlich als die Idee des Natürlichen, die es sich in einer bestimmten Phase seiner Entwicklung, historisch gesehen etwa in der Mitte des 18. Jahrhunderts, gegenüberstellt, um sie zugleich sentimentalisch anschwärmen und rücksichtslos ausbeuten und vergewaltigen zu können, wie es die zivilisierten Europäer mit den ›Naturmenschen‹ ihrer Kolonien und den Ressourcen der umgebenden Natur getan haben.

Margarete, und das bedingt ihren Namen, hat drittens eine mythische Lesart durch die Lebensgeschichten der heiligen Margareta von Antiochia und der heiligen Margareta von Cortona, die wesentliche Stationen von Margaretes Leben vorgelebt haben (vgl. Kap. I, Anm. zu: vor 457). Aber wie Mephistopheles nicht das Christlich-Böse, sondern das Böse als die andere Seite des Guten repräsentiert, so entwickelt Margarete über ihr anfänglich naives Kirchenchristentum hinaus einen Glauben, der auch Sinne und Leib heiligt. Ihr Mythos allegorisiert damit die Idee des Natürlichen und idealisiert das Faust begegnende Bürgermädchen, wobei auch bei ihr die Doppelseitigkeit des Mythos auftritt: Margareta von Cortona, die leidende verführte Dienstmagd, entspricht mehr dem bescheidenen Mädchen, während die heroische Antiochierin eher die Idee verkörpert.

Für die ›menschliche‹ Lesart Mephistos und Margaretes gibt es Vorbilder in Goethes Leben, die wenigstens erwähnt werden sollen: Johann Heinrich Merck, der Darmstädter Schriftsteller und Freund Goethes (vgl. Kap. I, Anm. zu 1106), den Goethe in *Dichtung und Wahrheit* als zwanghaft böswillig und schadenstiftend charakterisiert (vgl. Buch XII; HA 9, S. 506) und der im Freundeskreis den Namen Mephistopheles führte; vielleicht hat er Faust seinen Vornamen geliehen. – 1772 wurde in Frankfurt die Kindsmörderin Susanna Margaretha Brandt hingerichtet; Goethe hat ihren Prozeß mit großer Anteilnahme verfolgt (Ernst Beutler stellt die Beziehungen zum *Faust* ausführlich dar). Selbstverständlich hat die Forschung auch für Faust nach lebenden Vorbildern gefragt; neben Goethe selbst scheint Herder der aussichtsreichste Kandidat. Wichtiger ist, daß alle Hauptfiguren neben ihrer prinzipiellen und ihrer mythologischen Lesart eine unmittelbar lebendig-menschliche Gestalt haben. Die Magie der Einfühlung in diese lebendigen Gestalten ist ein ebenso starkes poetisches Instrument wie die gedanklich-ideelle Struktur und die Kraft und Tiefe der mythischen Bilder; der Text und seine unerschöpfliche Wirksamkeit sind konstituiert durch diese dreifältig entgegengesetzte und vermittelte Poetik.

IV. Die poetische Gestalt

Geschichtsdichtung

Abgesehen von dem Fragmentcharakter, der durch die Lücke vor Mephistos erstem Auftreten und die Ungelöstheit von Fausts Schicksal deutlich ist (auch ein Helena-Teil scheint zur ersten Planung gehört zu haben), zeigt das Stück eine poetische Konzeption, die bis in die letzte Konzeptionsphase des *Faust II* durchgehalten und gewissermaßen quantitativ in konzentrischen Kreisen erweitert wurde sowie an umfassender Grundsätzlichkeit zunahm.
Das Prinzip der Beziehung eines im Kulturwissen voraussetzbaren Traditionselements auf die Gegenwart, das Herders *Neuerer Gebrauch der Mythologie* dargelegt hatte, wird von Goethe weitergedacht. Hatte Herder nur an die Benutzung der antiken Mythen als »Hausgerät« des Dichters gedacht, an ihre Einverwandlung in den zeitgenössischen Diskurs, so bedachte Goethe einerseits das Eigenleben, das sie in der neuen Verwendung behalten, wie andererseits die Verwurzelung in der Tradition, die das Neue zu erkennen gibt, wenn es sich mittels tradierter Vorstellungen formulieren läßt. Drittens bedachte er die Möglichkeit charakteristischer Profilierung des Alten und des Neuen in ihrer spezifischen Geschichtlichkeit bei der dialogischen, nicht bloß im Herderschen Sinn funktionalen Verwendung tradierter und zeitgenössischer Elemente.
Faust ist ein Magier der beginnenden Neuzeit, das allgemeine Kulturwissen setzt ihn und seinen Teufel, seine Magie und sein schreckliches Ende ans Ende des Mittelalters, seine theoretische Neugier, seine Sinnenhaftigkeit und seinen Selbstbestimmungswillen in die Ära der neuzeitlichen Subjektivität. Dennoch gehören seine Mondschein- und Naturschwärmerei der Szene »Nacht«, sein ›Glaubensbekenntnis‹ gegenüber Margarete dem Inhalt und Ton nach eindeutig in Goethes Gegenwart. Das sogenannte Gretchen-Drama ist ein bürger-

liches Trauerspiel der zweiten Hälfte des 18. Jahrhunderts, wie es Goethes Freunde Lenz und Wagner mehrfach gestalteten; Schillers *Kabale und Liebe* ist das meistgespielte Beispiel dieser Gattung.

Die einzelnen Faustforscher und -kommentatoren, wo sie sich überhaupt dazu äußern, sehen darin eher einen Fehler Goethes. Die einen verstehen Faust als Menschen des 16. Jahrhunderts und sehen seine Äußerungen im Ton der Goethezeit als Entgleisungen des jungen Poeten; die andern verstehen ihn als Menschen des 18. Jahrhunderts, dem Goethe Flicken seines historischen Gewandes gelassen hat. Die hier vorgeschlagene und in Kap. I stellenweise angedeutete Lesung ist die, daß Goethe konsequent diese Jahrhunderte aufeinander bezogen hat, und zwar in wechselnden Verhältnissen. Es hat sich gezeigt, daß Faust in der Szene »Nacht« die Magien des 16. und 18. Jahrhunderts gleichzeitig anwendet und bei seinen Experimenten scheitert, weil sie einander in bestimmten Hinsichten entgegengesetzt sind und einander deshalb blockieren. Andererseits hat sich gezeigt, daß Wagner die beiden Epochen in einem methodischen Gang wissenschaftlicher Fragestellungen miteinander verbindet. Der Weg des ganzen Stückes, soweit er sich trotz der Lücke beurteilen läßt, sollte wohl von einem Beginn im 16. Jahrhundert – die Hans-Sachs-Verse des Anfangs und die großen magischen Experimente legen es nahe – bis zur Prosa der Gegenwart in »Auerbachs Keller« führen, dann vielleicht wieder etwas früher ansetzen (»Hexenküche« in *Faust I* dient der Verjüngung Fausts) und erneut in der Prosa der Gegenwart enden. Aber schon in der Szene »Nacht« lassen sich ›störende‹ Elemente des 18. Jahrhunderts identifizieren, und das vorletzte Wort des Stücks spricht ein Teufel, der in einem bürgerlichen Trauerspiel eigentlich nichts mehr zu suchen hat. Dadurch ergeben sich drei Perspektiven oder Lesarten der Geschichtlichkeit: als Gelehrter und Mensch des 16. Jahrhunderts ist Faust in seiner Zeit und ihr zugleich voraus, antizipiert die Zukunft und kommt wegen seiner Progressivität weder dazu, seine Wissenschaft methodisch zu vertiefen, noch den Moment des Daseins im Leben zu genießen. Als Mensch des 18. Jahrhunderts schleppt Faust sich mit antiquierten Vorstellungen, Zeichen und Traditionen aus der Frühe der Neuzeit, ja dem Mittelalter herum und vermag es deshalb nicht, seine Erfahrungen in der ihnen gemäßen Weise auszudrücken und sich zum Bewußtsein zu bringen. Als Repräsentant des neuzeitlichen Menschen überhaupt ist Faust durch Progressivität und Retardation, ein doppelt ungleichzeitiges und immer unglückliches, da nie zum Genuß des Augenblicks fähiges Bewußtsein gekennzeichnet.

Welche von diesen Perspektiven man einnimmt, immer wird sich Vergangenes und Gegenwärtiges aneinander und gegeneinander profilieren, nur jeweils mit unterschiedlicher Bewertung. Das heißt, daß Geschichte, die Geschichtlichkeit gegenwärtiger und vergangener Epochen, hier zum Gegenstand und zugleich zur Perspektivik der Dichtung gemacht sind. Bezieht man den Zuschauer oder Leser in die Betrachtung ein, so werden ihm durch die drei Lesarten verschiedene Haltungen nahegelegt: dem Zeitgenossen Goethes ist es selbstverständlich, sich in Fausts Empfindsamkeit oder die unmittelbar gegenwärtige Problematik des Gretchen-Dramas einzufühlen; die Figuren aus dem 16. Jahrhundert, der Teufel der Faustsage erscheinen ihm dagegen fern wie die Marionetten eines Puppenspiels; sie muß er durch seine Einbildungskraft beleben und bleibt sich des Zeitunterschieds bewußt; die abstrakten Zusammenhänge der Neuzeit und des neuzeitlichen Bewußtseins überschaut nur der Gedanke. Diese Haltungen lassen sich aber nicht rein und ausschließlich einnehmen – die Einfühlung wird durch den vorgestellten Teufel ergänzt oder gestört, der trotzige Puppenspiel-Faust des Anfangs läßt sich plötzlich in empfindsamer Rede an den Mondschein hören, die gedankliche Rekonstruktion wird durch pralle lebensnahe Figuren und Situationen aus dem Gleis geworfen.

Man hat in diesen Widersprüchen im Text wieder Goethes Fehler und Schwächen gesehen: er habe den Text abschnittweise geschrieben, die Fetzen nachher zusammengeklebt und sei unfähig gewesen, sie bruchlos zu verbinden. Die Annahme verschiedener intendierter Lesarten, wie sie hier vorgeschlagen wird, fordert geradezu selbständige, profilierte Teile und unvermittelte Übergänge, um Fausts trialogisches Bewußtsein im Bewußtsein des Lesers zu reproduzieren. Denn wenn das Drama das Bewußtsein des neuzeitlichen Menschen in seiner Geschichtlichkeit zum Gegenstand hat, dann ist es zugleich das Bewußtsein des Lesers, dem durch ein Stück, das diese Widersprüche in poetischer Logik aufhebt, vielleicht die Tragik Fausts erspart werden kann.

Metrik

Die Konfrontation der Epochen in ihrer Geschichtlichkeit wird auf einer Vielzahl von Ebenen, angefangen von den kosmischen und religiösen Vorstellungen über die Magieauffassung bis hin zur formalen Gestaltung, durchgeführt. Dies soll exemplarisch an der Verwendung des Metrums bzw. der Prosa gezeigt werden. Auch die poetische Ordnung des Lautkörpers seiner Sprache behandelt Goethe unter drei verschiedenen Aspekten: einmal gibt jede Formulierung dem jeweils auszudrückenden Inhalt eine unmittelbar angepaßte, ihn unverwechselbar verkörpernde Form.

Wir haben keine Magt; muß kochen, fegen, stricken,
Und nehn, und lauffen früh und spat.
Und meine Mutter ist in allen Stücken,
So accurat. (963–966)

Der letzte Vers kann mit vier Betonungen gesprochen werden. Margarete versucht Faust mit aller Eindringlichkeit ihr Leben zu schildern; zunächst laufen Verse und Betonungen rasch, ihren Tätigkeiten entsprechend; beim Gedanken an die ärgerliche, übertriebene Peinlichkeit der Mutter stockt der Fluß der Rede, der Ton hebt sich, der Druckakzent verstärkt sich: man hört, wie Margarete leidet und zornig ist über die

Sklaverei, in der sie lebt und die doch angesichts des bescheidenen Reichtums der Familie so ganz unnötig ist.
Neben dieser einfühlbaren Gestaltung der Rede trifft Goethe in drei Szenen die Entscheidung, statt Verse Prosa zu verwenden. Das Muster Shakespeares, von dem gleich die Rede sein wird, legitimierte ihn dazu, aber die Wahl der Szenen – »Auerbachs Keller«, »Faust, Mephistopheles«, »Kerker« – ist nicht zufällig. Herder hatte in den Fragmenten *Über die neuere deutsche Literatur* den grundsätzlich prosaischen, nüchternen Charakter seiner zeitgenössischen Gegenwart betont, der in der Literatur eine Erhebung und Anreicherung der auf das Gedankliche und Zweckmäßige orientierten Basis mit Elementen der Empfindung und der Phantasie notwendig mache, damit »schöne Prose« oder »philosophische Poesie« entstehe. Wenn Goethe die Redeform der philosophischen Poesie, die er, mit Herder zu sprechen, in den metrisch geformten Szenen einhielt, in die Sprechprosa der genannten Szenen herabsinken läßt, wenn er z. B. in der Kerkerszene die Phantasie nur als geistige Verwirrung Margaretes, die Empfindung als zwischenmenschliche Leidenschaftlichkeit, jedoch kaum im Sinne des sprachlichen Gestaltungsmittels verwendet, dann ist das eine Entscheidung gegen den Trost und die harmonisierende, verklärende Wirkung der poetischen Fiktionalität. Die Szene »Kerker« erfuhr Goethe beim Wiederlesen um 1800 als so unerträglich stark, daß er sie in Verse setzte; auch »Auerbachs Keller« wird versifiziert. Neben der Ausdruckswirkung, die damit bezeichnet ist, bedeutet also die Entscheidung für Prosa eine Entscheidung für Nüchternheit, graue Alltäglichkeit, trostlose Kahlheit der Zeitgenossenschaft, die jeweils das Ende einer magischen Unternehmung Fausts ist, von denen der *Urfaust / Faust I* das Experiment des Wissens und das Experiment des Lebensgenusses darstellt: es ist die Entscheidung des Poeten zum Verzicht auf Poesie; wo sein Zuschauer oder Leser mit einem verächtlich gewordenen, in den grauen Alltag entlassenen Helden konfrontiert wird und damit zur Reflexion auf den Helden und auf sich selbst aufgefordert ist.

Die dritte Dimension der lautlichen Sprachgestaltung ist die Verwendung von Metren mit historischer Indizierung und Konnotation zur Charakterisierung von Figuren und Szenen. Wenn Faust mit Knittelversen seinen Monolog beginnt, so ist das der Vers des frühbürgerlichen 16. Jahrhunderts, der Meistersinger, des Poeten Hans Sachs; er war in Goethes Zeit heruntergekommen und diente Puppenspielern und Bänkelsängern als Erzählvers. Goethe verwendete ihn in der Zeit des *Urfaust* für seine Hanswurstiaden und Farcen, aber auch deutlich aufwertend in einem Gedicht wie *Hans Sachsens poetische Sendung*, obwohl der Vers auch da das treuherzig Altdeutsche, das Biedere, Echte, Naive transportierte, auf welches das Rokoko mit sentimentalischem Lächeln wehmütig zu blicken anfing. Der Knittelvers ist ein vierhebiger gereimter Vers mit Auftakt- und Senkungsfreiheit.

–◡–◡–◡◡– (V. 1)
◡◡–◡–◡–◡– (V. 7)
◡–◡–◡–◡–◡ (V. 12)
◡–◡◡–◡◡–◡◡–◡ (V. 13)

Der Knittelvers verlegt durch diesen Ton das Geschehen entweder ganz ins 16. Jahrhundert (besonders wo er über lange Strecken verwendet wird – Szene »Nacht«), oder er charakterisiert z. B. Margarete in ihrer unverbildeten Naivität und altdeutschen Volksmäßigkeit. In der Schüler-Szene (bis 404) dient er wie in Goethes Farcen dem satirischen Angriff auf den Universitätsbetrieb.

Der zweite Teil der Schüler-Szene bringt eine andere Versart. Mephisto ist »des Professor Tons nun satt«, will »den Teufel spielen« (403 f.); damit geht er in den Madrigalvers oder freien Vers über. So wird die Folge ungleich langer, unregelmäßig gereimter, meist jambischer Verse genannt, die vor allem aus Komödien Molières und den Fabeldichtungen La Fontaines bekannt waren und von da auch in die deutsche Fabeldichtung und z. B. die witzigen Verserzählungen Wielands Eingang fanden. Dieser tänzerisch-elegante Plaudervers, der sich mit einer Pointe der Lautgestalt jeder Wendung des Gedankens anpaßt, ist so recht der Vers Mephistos, den der Schüler ihm auch sogleich abhorcht:

Besonders lernt die Weiber führren
Es ist ihr ewig Weh und Ach
So tausendfach,
Aus Einem Punckte zu kuriren. (417–20)

Je häufiger diese Versart den Vers commun und den Alexandriner benutzt, desto stärker setzt sich darin der Ton der hohen französischen Dichtung und damit der auch die deutschen Höfe dominierenden französischen Adelskultur durch – in Goethes Zeit schon mit den Assoziationen des sittenlosen Hoflebens, der zynischen Unterdrückung des seine Selbständigkeit erstrebenden Bürgertums, der Dekadenz einer überlebten Schicht verbunden. Der Alexandriner, im Deutschen sechshebig jambisch mit Zäsur nach der dritten Hebung, ist der Vers der französischen Tragödie und des Sonetts und wurde z. B. noch vom Leipziger Goethe in den *Mitschuldigen* verwendet. Zopfig klingt Wagners Reimpaar:

Zu schauen wie vor uns ' ein weiser Mann gedacht,
Und wie wirs dann zuletzt ' so herrlich weit gebracht.
(219 f.)

Der Vers commun ist ein um den ersten Jambus verkürzter Alexandriner; er gehört mehr in die Sphäre des Gesprächs der höfischen Gesellschaft:

Allein die Welt! ' des Menschen Herz und Geist!
Mögt ieglicher ' doch was davon erkennen. (233 f.)

Wenn nun Margarete in Marthes Garten schließlich Vers communs und Alexandriner, Mephistos Madrigalverse verwendet, so hat sie deutlich eine Sprachmaske aufgesetzt, die sie nach dem Abschied von Faust sofort ablegt, wenn sie in ihre Knittel zurückfällt (1060–65).

An älteren Versmaßen sind noch die Volksliedverse und -strophen sowie die mittellateinischen Sequenzen zu erwähnen, die den Szenen »Zwinger« und »Dom« zugrunde liegen

und z. T. lateinisch oder in erkennbarer Übersetzung zitiert werden.
Eine ganz moderne, von Klopstock eingeführte Versart, die ich prosaische Verse nennen möchte, verwendet Goethe wie in seinen Frankfurter Hymnen an der Stelle, wo Faust im hohen »herzrührenden« Ton der Begeisterung Margarete von seiner gefühlhaften Gottesauffassung zu überzeugen versucht (1124–50, vgl. auch 161–164). Herder, der wie Lessing und Hamann diesen Vers kommentierte, sah in ihm die Verbindung von »künstlicher Prosa« und »ursprünglichster Poesie«, also eine der modernen Dichtung mit ihrer auf prosaischer Basis künstlich entworfenen Poesie, die jedoch wieder den Anspruch der Ursprünglichkeit hat, genau angemessene Versart, die Goethe wie gewohnt historisch kennzeichnend einsetzt.
Auch die Verwendung der Metren dient also dazu, die Geschichtlichkeit, die Epochen- oder Kulturzugehörigkeit einer Figur oder ihrer situativen Rede zu markieren; der Übergang Margaretes von ihrem naiven Knittel über den eleganten Madrigalvers zum gestelzten Alexandriner zeichnet die Entfremdung von ihrem eigentlichen Wesen nach, die sie sich auferlegt, um dem hohen Herrn zu gefallen, der aber gerade die Naivität sentimentalisch idealisiert und damit tendenziell das Interesse an Margarete verliert. Diese Entfremdung ist nicht nur kulturell und schichtspezifisch zu verstehen, sondern ist in Versen formuliert, die die Entwicklung des Stadtbürgertums vom Knittel des 16. über den Madrigalvers des 17., 18. Jahrhunderts bis zu dem modernen Ausdruckslied, der opernhaften Da-capo-Arie spiegeln, die Gretchen am Spinnrocken singt.

Beziehung zu anderen Dichtungen

Schon der *Urfaust* nimmt auf eine große Zahl anderer Dichtungen Bezug; in den meisten Fällen trifft der häufig gebrauchte Ausdruck ›Einfluß‹ dafür nicht zu; man hat vielmehr an eine Auseinandersetzung, einen Dialog, eine neue Antwort auf eine alte Frage, einen »neuern Gebrauch« der literarischen »Mythologie« zu denken, wie er schon anläßlich des Bezugs zu den älteren Faust-Dichtungen zur Sprache kam.

Von den Beziehungen, die der Kommentar in Kap. I nennt, soll hier nur auf die zu Shakespeare hingewiesen werden. Anspielungen auf die Hexen des *Macbeth* in »Nacht. Offen Feld« und auf die geistesverwirrte und populäre Lieder singende Ophelia im »Kerker« sind leicht erkennbar. Über diese Markierungen des Bezugs hinaus sind aber gerade die Unterschiede wichtig, die das neuere Stück vom älteren absetzen. Macbeth erhält von den Hexen Auskunft über sein Schicksal, so zweideutig sie auch sein mag; Faust dagegen darf sie nur noch von der Ferne sehen, Schicksalhaftes vermuten und als Hintergrund erahnen – aber der aufgeklärte Mensch wird von seinem Werkzeug kurz abgefertigt und weitergedrängt, der Zugang zu den geheimnisvollen Gründen der Geschehensoberfläche ist versperrt. Goethe läßt also die Texte miteinander dialogisieren und zum Teil der Geschichtsdichtung werden, in der sie ihr zeitspezifisches Profil zeigen.

Die Beziehung zu *Hamlet* kann sozusagen von der Kerkerszene zurückverfolgt werden und gibt dem *Faust* den Sinn einer Überbietung in zwei Hinsichten. Ophelia wird in III,1 vom König und Polonius instruiert, als Lockvogel zu dienen, damit Hamlet seine Pläne und Geheimnisse eröffnet. Als solcher Lockvogel dient auch Margarete dem Mephistopheles, der durch den Sinnengenuß die Kraft des Magiers zu schwächen beabsichtigt. Ophelia, schon vorher trotz ihrer Liebe zu Hamlet williges Werkzeug ihres Vaters (II,1), gehorcht auch hier und rechtfertigt so das Mißtrauen des Prinzen in ihre Aufrichtigkeit. Bei Margarete aber ist es die Anwesenheit der Fremden in ihrem privatesten Raum, die schwüle Atmosphäre, die Mephisto hinterläßt, was sich, an ihrem Bewußtsein vorbei, das Einverständnis ihres Körpers holt (605–610), auf die Verführung Fausts und die Verlockung nach sozialem

Aufstieg einzugehen. Ist die Versuchung Ophelias die Ichschwäche, so ist die Versuchung Margaretes die anthropologische Bedingung ihrer Körperlichkeit.
Auch Hamlets Melancholie hat einen präzisen Anlaß: der Mord am Vater hat Dänemark verdorben, hat Verstellung und Lüge zur Form der Kommunikation gemacht, an der Hamlet gezwungen ist teilzunehmen. Seine Melancholie entsteht da, wo er in seinem Nichthandeln, Nichtstehen zur Wahrheit ebenso schwach ist wie seine dem Onkel hörige Mutter oder die gehorsame Ophelia. Leidet Hamlet darunter, daß er dieser bestimmten Gesellschaft angehört, so bezieht sich Fausts Melancholie auf die Begrenzung des Menschseins überhaupt; Hamlets Dänemark ist heilbar, wie die Figur des Fortinbras demonstriert, im *Faust* gibt es keinen Retter.
Abgesehen von den markierten Beziehungen zu den genannten Stücken Shakespeares ist es deutlich, daß Goethe sich, der Lessingschen Empfehlung entsprechend, an Shakespeare orientierte. Was die äußere, gänzlich der klassisch-französischen Dramenform widersprechende Gestaltung des *Faust* angeht, so orientiert sich Goethe an Shakespeare, seien es die kurzen Szenen mit den scharfgeschnittenen Ortswechseln, sei es das durch alle Stände gemischte Personal, sei es die Mischung von tragischem König, komisch-satirischem Narren und ›mittleren‹ Figuren des Schauspiels – wir finden sie, ins Absolute gesteigert, in Faust und seiner Tragödie des Menschen überhaupt, in Mephistopheles, dem alles Traurige und Freudige nur als »Lauf der Welt« erscheinen kann und damit absolut komisch ist, und in Margarete, deren Schicksal menschlich anrührend ist und gleichsam den begrenzten Blick des bürgerlichen Trauerspiels zuläßt. Man sieht an der Verabsolutierung von ›König‹ und ›Narr‹ durch Goethe, daß er auch in diesem Stück Shakespeare zu überbieten suchte – man kann an vielen Punkten z. B. des Herderschen *Shakespear*-Aufsatzes erkennen, wie Goethe die Beobachtung Herders aufgriff, um den dort interpretierten Shakespeare weiterzudenken und seine angefangenen Linien bis zum jeweiligen Endpunkt und Absolutum zu führen.

Dies gilt auch für die eigene Interpretation, die Goethe in seiner Rede *Zum Shakespeares-Tag* von den Stücken des großen Vorbildes gab: »Seine Plane sind, nach dem gemeinen Stil zu reden, keine Plane, aber seine Stücke drehen sich alle um den geheimen Punkt (den noch kein Philosoph gesehen und bestimmt hat), in dem das Eigentümliche unsres Ichs, die prätendierte Freiheit unsres Wollens, mit dem notwendigen Gang des Ganzen zusammenstößt.« (HA 12, S. 226.) Auch hier, von der Bestimmung der Shakespeareschen Tragik ausgehend, denkt Goethe die Form, von der aus keine Steigerung mehr möglich scheint: Faust ist nicht nur ein historisches Ich mit einer bestimmten Eigentümlichkeit, sondern er ist zweifach historisches Ich, neuzeitliches Subjekt und Mensch überhaupt, und der »notwendige Gang des Ganzen« ist nicht ein Äußeres, sondern ist die Progressivität bzw. Retardation der historischen Ichs des 16. und des 18. Jahrhunderts, ist das unglückliche, nie bei sich seiende Bewußtsein des neuzeitlichen Menschen, ist die anthropologische Bedingtheit und Begrenztheit der Gattung Mensch. An diesem »neuern Gebrauch« des Vorbilds Shakespeare wird erkennbar, wie Goethe nicht nur seine Lehrmeister zu überflügeln, sondern dies auf eine Weise zu leisten suchte, die das zu seiner Zeit mögliche Absolutum darstellte.

V. Texte zur Diskussion

Dieses Kapitel enthält zum einen Texte, auf die Goethe bei der Konzeption oder im Text des *Urfaust* Bezug genommen hat (sie sind chronologisch angeordnet), zum andern einen Ausschnitt aus einer neueren Interpretation, in der der *Urfaust* von *Faust I* konzeptionell stark abgehoben wird.

1. Stabat mater

Von dieser mittelalterlichen Sequenz, die dem Franziskaner Jacopone da Todi (gest. 1306) zugeschrieben wird, macht Goethe in der Szene »Zwinger« einen »neuern Gebrauch«.

De compassione beatae Mariae

Stabat mater dolorosa
Iuxta crucem lacrimosa,
   Dum pendebat filius,
Cuius animam gementem,
Contristantem et dolentem
   pertransivit gladius.

O quam tristis et afflicta
Fuit illa benedicta
   Mater unigeniti,
Quae maerebat et dolebat
Et tremebat, dum videbat
   Nati poenas incliti.

Quis est homo, qui non fleret,
Matrem Christi si videret
   In tanto supplicio?
Quis non posset contristari,

Maria
unter dem Kreuz

Unterm Kreuz die schmerzensreiche
Mutter stand, die tränenbleiche,
Als ihr Sohn gekreuzigt ward;
Durch ihr Herz das klagerfüllte,
Das betrübte, schmerzumhüllte
Drang das Schwert des Kummers hart.

Wie war traurig, angstbeladen
Diese Mutter voller Gnaden
Um den eingebornen Sohn!
Wie sie litt und wie sie bebte,
Zitterte, als sie erlebte
Des erwählten Sohnes Hohn!

Wem wird nicht die Zähre kommen,
Der Maria wahrgenommen
In des Grames Bitterkeit?
Wen nicht Trauer mitumfangen,

Piam matrem contemplari
  Dolentem cum filio?

Pro peccatis suae gentis
Vidit Jesum in tormentis
  Et flagellis subditum;
Vidit suum dulcem natum
Morientem, desolatum,
  Dum emisit spiritum.

Pia mater, fons amoris,
Me sentire vim doloris
  Fac, ut tecum lugeam;
Fac, ut ardeat cor meum
In amando Christum Deum,
  Ut sibi complaceam.

Sancta mater, istud agas,
Crucifixi fige plagas
  Cordi meo valide,
Tui nati vulnerati,
Tam dignati pro me pati,
  Poenas mecum divide!

Fac me vere tecum flere,
Crucifixo condolere,
  Donec ego vixero;
Iuxta crucem tecum stare
Et me tibi sociare
  In planctu desidero.

Virgo virginum praeclara,
Mihi iam non sis amara,
  Fac me tecum plangere,
Fac, ut portem Christi mortem,
Passionis fac consortem
  Et plagas recolere!

Der Maria sieht so bangen,
Leiden mit des Sohnes Leid?

Ach, für seines Volks Vergehen
Mußt sie Jesum Christum sehen,
Wie ihn Pein und Geißel schlug,
Sehen auch den Sohn, den lieben,
Ohne Trost im Tod geblieben
Bis zum letzten Atemzug.

Mutter, Liebesquell, mich lehre
Spüren deines Schmerzes Schwere,
Daß wie du betrübt ich bin;
Wollest mir das Herz entzünden,
Meine Lieb in Christus gründen,
Daß ich seine Gnad gewinn!

Heilge Mutter, laß gelingen,
Daß mir Christi Wundmal dringen
Kräftig in das Herz hinein!
Deines Sohns, der meinetwegen
Sich die Qual ließ auferlegen, –
Gib mir von des wunden Pein!

Laß mit dir mich wahrhaft weinen,
Mich mit Christi Schmerz vereinen,
Bis mein Leben ich verlier!
Unterm Kreuz mit dir zu weilen
Und das Leid mit dir zu teilen,
Das erflehe ich von dir.

Jungfrau der Jungfrauen hehre,
Eines mir nicht mehr verwehre:
Mit dir trauern möchte ich;
Laß mich Christi Tod mittragen,
Wie man ihn ans Kreuz geschlagen,
Wie er litt, laß fühlen mich!

Fac me plagis vulnerari,
Cruce fac inebriari
   Et cruore filii;
Flammis ne urar succensus
Per te, virgo, sim defensus
   In die iudicii!

Christe, cum sit hinc exire,
Da per matrem me venire
   Ad palmam victoriae;
Quando corpus morietur,
Fac, ut anima donetur
   Paradisi gloriae!

2. Dies irae

Diese mittelalterliche Sequenz der Totenmesse – in der vorliegenden Form Thomas von Celano (1190–1260) zugeschrieben – liegt der Szene »Dom« zugrunde.

In commemoratione
omnium animarum

Dies irae, dies illa
Solvet saeclum in favilla
Teste David cum Sibylla.

Quantus tremor est futurus,
Quando iudex est venturus,
Cuncta stricte discussurus!

Laß die Wundmal in mich schlagen,
Laß das Kreuz mich trunken tragen,
Spüren auch des Sohnes Blut!
Daß nicht Flammen mich verschlingen,
Wollst am jüngsten Tag mir bringen,
Jungfrau, deine Hilf und Hut!

Christus, scheid ich todumfangen,
Durch die Mutter laß gelangen
Mich zu Siegespalm und Preis!
Werden meine Glieder sterben,
Laß die Seele doch erwerben
Das beglänzte Paradeis!

Hymnen und Vagantenlieder. Lateinische Lyrik des Mittelalters mit deutschen Versen. Hrsg. von Karl Langosch. Darmstadt: Wissenschaftliche Buchgesellschaft, [4]1975. S. 44–47.

Die Sequenz der Totenmesse

Tag des Zornes – er wird tagen,
wird die Welt in Staub zerschlagen,
Wie Sibyll und David sagen.

Welches Grauen wird sich regen,
Ist der Richter auf den Wegen,
Streng sein Urteil abzulegen!

Tuba mirum spargens sonum
Per sepulcra regionum
Coget omnes ante thronum.

Mors stupebit et natura,
Cum resurget creatura
Iudicanti responsura.

Liber scriptus proferetur,
In quo totum continetur,
Unde mundus iudicetur.

Iudex ergo cum censebit,
Quidquid latet, apparebit,
Nil inultum remanebit.

Quid sum miser tunc dicturus,
Quem patronum rogaturus,
Cum vix iustus sit securus?

Rex tremendae maiestatis,
Qui salvandos salvas gratis,
Salva me, fons pietatis.

Recordare, Iesu pie,
Quod sum causa tuae viae,
Ne me perdas illa die.

Quaerens me sedisti lassus,
Redemisti crucem passus,
Tantus labor non sit cassus.

Iuste iudex ultionis,
Donum fac remissionis
Ante diem rationis.

Die Drommeten furchtbar klingen
Und bis in die Gräber dringen,
Alle vor den Thron zu bringen.

Schaudern werden Tod und Leben,
Wenn sich die Geschöpf erheben,
Sich zum Richter zu begeben.

Jenes Buch wird nachgesehen,
In dem alle Urteil stehen,
Wie sie dieser Welt ergehen.

Kommt der Richter zum Gerichte,
Drängt Verborgenes zum Lichte,
Ungesühntes wird zunichte.

Was soll dann ich, Ärmster, sagen,
Welchen Schutzherrn soll ich fragen,
Da Gerechte fast verzagen?

Strenge Majestät, dich rege,
Du der Schwachen liebe Pflege,
Quell der Güte, mich umhege!

Jesus, laß ins Ohr dir schallen:
Ich zwang dich zum Erdenwallen,
Laß mich an dem Tag nicht fallen!

Mich zu suchen schuf dir Plagen,
Löstest mich, ans Kreuz geschlagen,
Solches Mühn muß Segen tragen!

Du gerechter Richter, leihen
Wolltest du mir dein Verzeihen,
Eh ich muß dem Tod mich weihen.

Ingemisco tamquam reus,
Culpa rubet vultus meus,
Supplicanti parce, Deus.

Qui Mariam absolvisti,
Et latronem exaudisti,
Mihi quoque spem dedisti,

Preces meae non sunt dignae,
Sed tu, bonus, fac benigne,
Ne perenni cremer igne.

Inter oves locum praesta
Et ab hoedis me sequestra
Statuens in parte dextra.

Confutatis maledictis,
Flammis acribus addictis
Voca me cum benedictis!

Oro supplex et acclinis,
Cor contritum quasi cinis,
Gere curam mei finis!

Lacrimosa dies illa,
Qua resurgit ex favilla
Iudicandus homo reus;
Huic ergo parce, Deus.

Pie Iesu Domine,
Dona eis requiem!

Ach, ich seufz nach Sünders Sitte,
Röte deckt des Antlitz' Mitte:
Schon mich, Gott, da ich dich bitte!

Der du die Marie entsündet
Und dem Schächer Heil verkündet,
Hast auch Hoffnung mir entzündet.

Nicht verdients mein innig Flehen,
Doch laß gnädig nicht geschehen,
Mich in ewger Glut vergehen.

Laß mich bei den Schafen weiden,
Wollest mich von Böcken scheiden
Und zu deiner Rechten leiden!

Sind die Schlechten vorgenommen
Und in Feuerglut gekommen,
Ach, dann ruf mich mit den Frommen!

Demutsvoll mein Flehn ich sende,
Staubzermalmt im Herzen: wende
Sorgend dich zu mir am Ende!

Jenen Tag wirds Tränen geben,
Wenn die Menschen sich erheben
Aus dem Staub zum Richterthrone
Schuldbeladen: Gott, sie schone!

Lieber Jesus, Herrscher du,
Schenke ihnen ewge Ruh!

Ebd. S. 86–89.

3.

HEINRICH CORNELIUS AGRIPPA VON NETTESHEIM (1486 bis 1535) ist ein Vertreter der sogenannten Magia naturalis, einer Universalwissenschaft der Renaissance, mit der der junge Goethe sich ausführlich befaßt hat. Für die Gestaltung der Begegnung mit dem Makrokosmos- und Erdgeist-Zeichen griff er offensichtlich auf die zitierten Kapitel aus Agrippas Werk *De occulta philosophia sive de magia* (1531) zurück.

Sechsundvierzigstes Kapitel.

Von der ersten Art der Begeisterung,
die von den Musen ausgeht.

Die Begeisterung ist eine von den Göttern oder Dämonen ausgehende Erleuchtung der Seele, wie Ovid in folgendem Verse singt:

In uns ist ein Gott, und ein Verkehr mit dem Himmel;
Dieser Geist, er kommt von dem ätherischen Sitz.

Plato definirt die Begeisterung als eine Geistesabwesenheit, denn sie zieht uns von dem, wodurch die körperlichen Sinne erregt werden, überhaupt vom animalischen Menschen ab und zu der Gottheit hin, von der die Seele empfängt, was sie aus eigenen Kräften nicht erforschen kann. Wenn die Seele nemlich die Zügel des Körpers abschüttelt, aus ihrem Kerker heraustritt, und die Bande der Glieder sie nicht mehr hemmen, so waltet sie frei und von göttlichem Geiste erfüllt, begreift sie Alles und sieht die Zukunft voraus. – Es gibt nun vier Arten der göttlichen Begeisterung, die von einzelnen Gottheiten, nemlich von den Musen, von Dionysus, von Apoll und von Venus ausgehen. Die erste, von den Musen ausgehende Begeisterung erhebt und regiert die Seele und macht sie göttlich, indem sie durch natürliche Dinge das Obere zu dem Unteren herabzieht. Die Musen sind die Seelen der himmlischen Sphären, denen gemäß es einzelne Grade gibt, nach welchen die Anziehung des Oberen zum Unteren stattfindet. Der niederste Grad, der sich auf die Sphäre des Mondes bezieht, bedient sich der Vegetabilien, als der Pflanzen, Baumfrüchte und Wurzeln, sodann auch der härteren Stoffe, wie der Steine und Metalle durch Anhängen derselben, u. s. w. [. . .] – Der zweite, sich auf den Merkur beziehende Grad bedient sich thierischer Stoffe und Mischungen verschiedener natürlicher Dinge, die zum Essen oder Trinken zubereitet werden [. . .]. – Der dritte Grad entspricht der Sphäre der Venus und bedient sich der feinsten Pulver, Dünste und Gerüche, sowie der daraus verfertigten Salben und Räucherungen, wovon früher die Rede war. – Der vierte Grad bezieht sich auf die Sphäre der Sonne und gebraucht Worte, Gesänge und harmonische Töne, wodurch jeder störende Mißklang aus der Seele entfernt und das Gemüth erhoben wird. Deßhalb rathen auch Hermes, Pythagoras und Plato, ein verstimmtes Gemüth durch Gesang und Harmonie zu besänftigen und aufzurichten. Timotheus soll den Alexander den Großen durch sein Spiel zur Wuth gereizt haben, und ein calamensischer Priester pflegte nach dem Zeugnisse des Aurelius Augustinus sich willkürlich durch eine klagende Melodie in Verzückung und Ekstase zu versetzen. Auch hievon war schon früher die Rede. – Der fünfte Grad gehört dem Mars zu und bedient sich heftiger Erregungen der Einbildungskraft und starker Gemüthsbewegungen, worüber gleichfalls bereits gesprochen wurde. – Der sechste Grad entspricht dem Jupiter und hat es mit Ueberlegung, Berathschlagung und moralischer Reinigung zu thun, worüber theils schon gesprochen worden ist, theils weiter unten noch Mehreres gesagt werden soll. Ueberdieß hat dieser Grad die Bewunderung und Verehrung unter sich, wovon bisweilen die Phantasie und Vernunft so gefesselt werden, daß sie plötzlich alle ihre Thätigkeit einstellen, worauf der alsdann freie und allein der Gottheit oder einem Dämon hingegebene Verstand höhere und göttliche Einflüsse empfängt und zwar auf das bezüglich, worüber er vorher berathschlagt hatte. So sollen die Sibyllen und die pythischen Priesterinnen in den Höhlen des Jupiter und Apollo Orakel empfangen haben. – Der siebente Grad bezieht sich auf den Saturn und bedient sich der geheimeren Kenntnisse und der ruhigen Betrachtungen des Verstandes. Unter Betrachtung verstehe ich hier den mit Bewunderung auf die Schauspiele der Weisheit gerichteten freien Blick des Verstandes; denn jenes Nachsinnen, das unter Räthseln oder Bildern geschieht, ist zwar Speculation oder Ueberlegung, die dem Jupiter zugehört, aber keine Betrachtung. – Der achte Grad bezieht sich auf den Sternenhimmel und beobachtet die Stellung, die Bewegung, die Strahlen und das Licht der Himmelskörper; auch bedient er sich der Bilder, Ringe und ähnlicher Gegenstände, die nach der Form des Himmlischen verfertigt werden, und wovon bereits die Rede war. – Der neunte Grad entspricht dem Primum mobile, nemlich der neunten Sphäre oder dem Universum selbst. Dieser Grad beschäftigt sich mehr mit den formalen Dingen, wie Zahlen, Figuren und Charakteren, auch beobachtet er die verborgene Einflüsse der Intelligenzen des Himmels und die übrigen Mysterien, die, weil sie das Bild der himmlischen Wesen und der angerufenen Geister enthalten, dieselben leicht anlocken, wegen der nahen Beziehung zu ihnen sie zum Erscheinen nöthigen und festhalten [...].

Siebenundvierzigstes Kapitel.

Von der zweiten, von Dionysus ausgehenden Art der Begeisterung.

Die zweite Art der Begeisterung geht von Dionysus aus. Sie lenkt durch äußere und innere Entsündigungen, durch Exorcismen, Sakramente, Weihungen und heilige Gebräuche und Beobachtungen die Seele zum Verstande, ihrem höchsten Theile, hin und macht sie gleichsam zu einem würdigen und unbefleckten Tempel der Götter, in dem die göttlichen Geister wohnen, welche die Seele alsdann zu Lebensgefährten hat und von denen sie mit Glück, Weisheit und Orakeln erfüllt wird, nicht in Zeichen oder Merkmalen oder Muthmaßungen, sondern durch einen Trieb und eine freie Bewegung des Geistes. [...] Bisweilen äußert sich diese Begeisterung in einer klaren Vision, bisweilen durch die Stimme. So wurde Sokrates von seinem Dämon geleitet, dessen Erinnerungen er sorgfältig gehorchte, dessen Stimme er häufig mit seinen Ohren vernahm und dessen Gestalt ihm sogar manchmal erschien. Die weissagenden Geister pflegen nemlich reinen Seelen sich auch sichtbar darzustellen und sie zu begleiten, wovon wir viele Beispiele in der heil. Schrift haben [...].

Achtundvierzigstes Kapitel.

Von der dritten, von Apollo ausgehenden Art der Begeisterung.

Die dritte Art der Begeisterung geht von Apollo aus, nemlich dem Weltgeiste. In Folge gewisser Mysterien, Gelübde, Opfer, Anbetungen, Anrufungen, heiliger Gebräuche und geheimer Zubereitungen, welche bewirken, daß die Götter die Kraft ihres Geistes eingießen, erhebt derselbe die Seele über den Verstand und vereinigt sie mit himmlischen Wesen und Dämonen [...]. Die menschliche Seele, besonders die einfältige und reine, kann nach dem Zeugnisse des Apulejus durch gewisse heilige Mittel so eingeschlummert und beruhigt werden, daß sie die Gegenwart vergißt und, nimmer an den Körper denkend, ihrer göttlichen Natur sich zukehrt und so von göttlichem Lichte erleuchtet und von göttlicher Begeisterung ergriffen nicht nur die Zukunft voraussagt, sondern auch damit die Kraft zu gewissen wunderbaren Wirkungen empfängt. Daher sagt Jamblichus: Wenn die Seher von der Gottheit getrieben werden, so fürchten sie Nichts und scheuen sich vor Nichts, sie passiren unwegsame Oerter, stürzen sich, ohne Schaden zu nehmen, in's Feuer, und setzen über Flüsse hinweg. So lesen wir, daß gewisse Höhlen, wie die des Apollo und Trophonius, ferner Dreifüße, Quellen, Seen und dergleichen in der Art den Göttern geweiht worden seien, daß die Priester den Geist der Weissagung daraus schöpften, wie Jamblichus an Porphyrius schreibt. Die Sibylle zu Delphi pflegte auf doppelte Weise die Gottheit in sich aufzunehmen: entweder durch einen zarten Hauch und ein Feuer, das aus der Mündung der Höhle hervorbrach; oder sie saß auf einem ehernen, der Gottheit geweihten Dreifuße am Eingange und gab, von dem göttlichen Geiste ergriffen, ihre Orakelsprüche. Es umspielte dann das reichlich aus der Höhle hervorströmende Feuer von allen Seiten die Seherin und trieb die von der Gottheit Erfüllte umher, oder sie blieb auch auf ihrem heiligen Dreifuße sitzen und gerieth sogleich in's Weissagen. [...]

Neunundvierzigstes Kapitel.

Von der vierten, von der Venus ausgehenden Art der Begeisterung.

Die vierte, von der Venus ausgehende Art der Begeisterung wendet mit glühender Liebe die Seele zu Gott, verwandelt sie und macht sie Gott durchaus ähnlich, gleichsam zu einem vollkommenen Bilde Gottes. [...] Eine dergestalt verwandelte, Gott ähnlich gewordene Seele wird so von Gott gebildet, daß sie, über alle irdische Vernunft erhaben, durch eine wesentliche Berührung der Gottheit Alles erkennt. Deßhalb beschreibt Orpheus die Liebe als der Augen ermangelnd, weil sie über die menschliche Einsicht geht. Eine von der Liebe zu Gott dergestalt verwandelte und über die geistige Sphäre erhobene Seele wirkt bisweilen, außerdem, daß sie mit ihrer ganzen Kraft den Geist der Weissagung und Prophezeihung erlangt, noch Wunderbareres und Größeres, als selbst die Natur der Welt, welche Wirkungen dann Wunder heißen. Denn wie der Himmel durch sein Bild, durch sein Licht und seine Wärme Manches wirkt, was die natürliche Eigenschaft des Feuers (wie man bei alchemistischen Operationen aus Erfahrung sehr gut weiß) nicht bewirkt, so führt auch Gott durch sein Bild und das Licht Dinge aus, welche die Welt vermöge der ihr innewohnenden Kraft nicht vollbringen kann. Das Bild Gottes aber ist der Mensch, wenigstens derjenige, der durch die von der Venus ausgehende Begeisterung Gott ähnlich gemacht, allein mit dem Verstande lebt und von ganzem Herzen den Jupiter erfaßt. [...]

Heinrich Cornelius Agrippa's von Nettesheim Magische Werke. Zum ersten Male vollständig in's Deutsche übersetzt. Tl. 3. Stuttgart: J. Scheible, 1855. (Nachdr. Wiesbaden: Fourier [1982].) S. 277–292.

4.

Gotthold Ephraim Lessing zitierte 1759 die Teufelszene aus einem *Faust*-Spiel und trug sich lange Zeit mit einem eigenen *Faust*-Plan. Seine Freunde berichten über die Konzeption.

I
Vorspiel

In einem alten Dome. Der Küster und sein Sohn, welche eben zu Mitternacht geläutet oder läuten wollen.
Die Versammlung der Teufel, unsichtbar auf den Altären sitzend und sich über ihre Angelegenheiten beratschlagend. Verschiedne ausgeschickte Teufel erscheinen vor dem Beelzebub, Rechenschaft von ihren Verrichtungen zu geben. Einer, der eine Stadt in Flammen gesetzt, ein andrer, der in einem Sturme eine ganze Flotte begraben, werden von einem dritten verlacht, daß sie sich mit solchen Armseligkeiten abgeben. Er rühmt sich, einen Heiligen verführt zu haben, den er beredet, sich zu betrinken, und der im Trunke einen Ehebruch und einen Mord begangen. Dieses gibt Gelegenheit, von Fausten zu sprechen, der so leicht nicht zu verführen sein möchte. Dieser dritte Teufel nimmt es auf sich, und zwar, ihn in vierundzwanzig Stunden der Hölle zu überliefern.

»Itzt«, sagt der eine Teufel, »sitzt er noch bei der nächtlichen Lampe und forschet in den Tiefen der Wahrheit.
›Zuviel Wißbegierde ist ein Fehler; und aus einem Fehler können alle Laster entspringen, wenn man ihm zu sehr nachhänget.‹«
Nach diesem Satze entwirft der Teufel, der ihn verführen will, seinen Plan.

Erster Aufzug

Erster Auftritt

(Dauer des Stückes: von Mitternacht zu Mitternacht.)

Faust unter seinen Büchern bei der Lampe. Schlägt sich mit verschiednen Zweifeln aus der scholastischen Weltweisheit. Erinnert sich, daß ein Gelehrter den Teufel über des Aristoteles Entelechie zitiert haben soll. Auch er hat es schon vielfältigemal versucht, aber vergebens. Er versucht es nochmals (eben ist die rechte Stunde) und lieset eine Beschwörung.

Zweiter Auftritt

Ein Geist steigt aus dem Boden, mit langem Barte, in einen Mantel gehüllet.

G. Wer beunruhiget mich? Wo bin ich? Ist das nicht Licht, was ich empfinde?
Faust erschrickt, fasset sich aber und redet den Geist an. Wer bist du? Woher kömmst du? Auf wessen Befehl erscheinest du?

G. Ich lag und schlummerte und träumte, mir war nicht wohl, nicht übel; da rauschte, so träumte ich, von weitem eine Stimme daher; sie kam näher und näher; »Bahall!«, »Bahall!« hörte ich und mit dem dritten »Bahall« stehe ich hier!

F. Aber wer bist du?

G. Wer ich bin? Laß mich besinnen! Ich bin – ich bin nur erst kürzlich, was ich bin. Dieses Körpers, dieser Glieder war ich mir dunkel bewußt; itzt etc.

F. Aber wer warst du?

G. Warst du?

F. Ja; wer warst du sonst, ehedem?

G. Sonst? ehedem?

F. Erinnerst du dich keiner Vorstellungen, die diesem gegenwärtigen und jenem deinem hinbrütenden Stande vorhergegangen? –

G. Was sagst du mir? Ja, nun schießt es mir ein – Ich habe schon einmal ähnliche Vorstellungen gehabt. Warte, warte, ob ich den Faden zurückfinden kann.

F. Ich will dir zu helfen suchen. Wie hießest du?

G. Ich hieß – Aristoteles. Ja, so hieß ich. Wie ist mir?

Er tut, als ob er sich nun völlig erinnerte, und antwortet dem Faust auf seine spitzigsten Fragen. Dieser Geist ist der Teufel selbst, der den Faust zu verführen unternommen.

Doch, sagt er endlich, ich bin es müde, meinen Verstand in die vorigen Schranken zurückzuzwingen. Von allem, was du mich fragest, mag ich nicht länger reden als ein Mensch und kann nicht mit dir reden als ein Geist. Entlaß mich; ich fühl es, daß ich wieder entschlummre etc.

Dritter Auftritt

Er verschwindet, und Faust, voller Erstaunen und Freude, daß die Beschwörung ihre Kraft gehabt, schreitet zu einer andern, einen Dämon heraufzubringen.

Vierter Auftritt

Ein Teufel erscheinet.

Wer ist der Mächtige, dessen Rufe ich gehorchen muß! Du? Ein Sterblicher? Wer lehrte dich diese gewaltige Worte?

II

Dritte Szene des zweiten Aufzugs

Faust und sieben Geister.

FAUST. Ihr? Ihr seid die schnellesten Geister der Hölle?

DIE GEISTER ALLE. Wir.

FAUST. Seid ihr alle sieben gleich schnell?

DIE GEISTER ALLE. Nein.

FAUST. Und welcher von euch ist der schnelleste?

DIE GEISTER ALLE. Der bin ich!

FAUST. Ein Wunder! daß unter sieben Teufel nur sechs Lügner sind. – Ich muß euch näher kennenlernen.

DER ERSTE GEIST. Das wirst du! Einst!

FAUST. Einst! Wie meinst du das? Predigen die Teufel auch Buße?

DER ERSTE GEIST. Jawohl, den Verstockten. – Aber halte uns nicht auf.

FAUST. Wie heißest du? Und wie schnell bist du?

DER ERSTE GEIST. Du könntest eher eine Probe als eine Antwort haben.

FAUST. Nun wohl. Sieh her; was mache ich?

DER ERSTE GEIST. Du fährst mit deinem Finger schnell durch die Flamme des Lichts –

FAUST. Und verbrenne mich nicht. So geh auch du, und fahre siebenmal ebenso schnell durch die Flammen der Hölle, und verbrenne dich nicht. – Du verstummst? Du bleibst? – So prahlen auch die Teufel? Ja, ja; keine Sünde ist so klein, daß ihr sie euch nehmen ließet. – Zweiter, wie heißest du?

DER ZWEITE GEIST. Chil; das ist in eurer langweiligen Sprache: Pfeil der Pest.

FAUST. Und wie schnell bist du?

DER ZWEITE GEIST. Denkest du, daß ich meinen Namen vergebens führe? – Wie die Pfeile der Pest.

FAUST. Nun so geh, und diene einem Arzte! Für mich bist du viel zu langsam. – Du dritter, wie heißest du?

DER DRITTE GEIST. Ich heiße Dilla; denn mich tragen die Flügel der Winde.

FAUST. Und du vierter? –

DER VIERTE GEIST. Mein Name ist Jutta, denn ich fahre auf den Strahlen des Lichts.

FAUST. O ihr, deren Schnelligkeit in endlichen Zahlen auszudrücken, ihr Elenden –

DER FÜNFTE GEIST. Würdige sie deines Unwillens nicht. Sie sind nur Satans Boten in der Körperwelt. Wir sind es in der Welt der Geister; uns wirst du schneller finden.

FAUST. Und wie schnell bist du?

DER FÜNFTE GEIST. So schnell als die Gedanken des Menschen.

FAUST. Das ist etwas! – Aber nicht immer sind die Gedanken des Menschen schnell. Nicht da, wenn Wahrheit und Tugend sie auffordern. Wie träge sind sie alsdann! – Du kannst schnell sein, wenn du schnell sein willst; aber wer steht mir dafür, daß du es allezeit willst? Nein, dir werde ich so wenig trauen, als ich mir selbst hätte trauen sollen. Ach! – *(Zum sechsten Geiste.)* Sage du, wie schnell bist du? –

DER SECHSTE GEIST. So schnell als die Rache des Rächers.

FAUST. Des Rächers? Welches Rächers?

DER SECHSTE GEIST. Des Gewaltigen, des Schrecklichen, der sich allein die Rache vorbehielt, weil ihn die Rache vergnügte. –

FAUST. Teufel! du lästerst, denn ich sehe, du zitterst. – Schnell, sagst du, wie die Rache des – Bald hätte ich ihn genennt! Nein, er werde nicht unter uns genennt! – Schnell wäre seine Rache? Schnell? – Und ich lebe noch? Und ich sündige noch? –

DER SECHSTE GEIST. Daß er dich noch sündigen läßt, ist schon Rache!

FAUST. Und daß ein Teufel mich dieses lehren muß! – Aber doch erst heute! Nein, seine Rache ist nicht schnell, und wenn du nicht schneller bist als seine Rache, so geh nur. – *(Zum siebenten Geiste.)* – Wie schnell bist du?

DER SIEBENTE GEIST. Unzuvergnügender Sterbliche, wo auch ich dir nicht schnell genug bin – –

FAUST. So sage; wie schnell?

DER SIEBENTE GEIST. Nicht mehr und nicht weniger als der Übergang vom Guten zum Bösen. –

FAUST. Ha! du bist mein Teufel! So schnell als der Übergang vom Guten zum Bösen! – Ja, der ist schnell; schneller ist nichts als der! – Weg von hier, ihr Schnecken des Orkus! Weg! – Als der Übergang vom Guten zum Bösen! Ich habe es erfahren, wie schnell er ist! Ich habe es erfahren! usw. – –

III

Schreiben über Lessings verlorengegangenen Faust[1]

Vom Hauptmann von Blankenburg

Sie wünschen, mein teurester Freund, eine Nachricht von dem verlorengegangenen Faust des verstorbenen Lessings zu erhalten; was ich davon weiß, teile ich Ihnen um desto lieber mit, da, mit meinem Willen, nicht *eine* Zeile, nicht *eine* Idee dieses großen und immer noch nicht genug gekannten, ja oft sogar mutwillig verkannten Mannes verlorengehen sollte. Verloren, gänzlich verloren könnte zwar vielleicht sein Faust nicht sein; – – und zu fürchten ist denn auch nicht, daß, wenn ein anderer mit dieser Feder sich sollte schmücken wollen, der Betrug nicht entdeckt werden würde; denn was man von den Versen des Homers und den Ideen des Shakespeares sagt, gilt mit ebenso vielem Rechte von den Arbeiten Lessings, und der verlorengegangene Faust gehört zu diesen; aber wer weiß, wenn und wie und ob das Publikum jemals etwas von diesem Werke zu Gesichte bekömmt? und so teilen Sie ihm denn einstweilig mit, was ich weiß.

1 *Litteratur und Völkerkunde*, hrsg. von Johann Wilhelm von Archenholtz, Leipzig, Bd. 5, Juli 1784, S. 82–84. – Christian Friedrich von Blankenburg, preußischer Hauptmann, Verfasser einer der frühesten Studien zum Roman: *Versuch über den Roman* (1774).

Daß Lessing vor vielen Jahren schon an einem Faust gearbeitet hatte, wissen wir aus den Literaturbriefen. Aber, soviel mir bekannt ist, unternahm er die Umarbeitung – vielleicht auch nur die Vollendung – seiner Arbeit zu einer Zeit, wo aus allen Zipfeln Deutschlands Fauste angekündigt wurden, und sein Werk war, meines Wissens, fertig. Man hat mir mit Gewißheit erzählt, daß er, um es herauszugeben, nur auf die Erscheinung der übrigen Fauste gewartet habe. – Er hatte es bei sich, da er von Wolfenbüttel eine Reise nach Dresden machte; hier übergab er es in einem Kästchen, in welchem noch mehrere Papiere und andere Sachen waren, einem Fuhrmann, der dieses Kästchen einem seiner Verwandten in Leipzig, dem Kaufmann Hrn. Lessing, einliefern, und dieser sollte es dann weiter nach Wolfenbüttel besorgen. Aber das Kästchen kam nicht; der würdige Mann, an welchen es geschickt werden sollte, erkundigte sich sorgfältig, schrieb selbst deswegen an Lessing usw. Aber das Kästchen blieb aus – und der Himmel weiß, in welche Hände es geraten oder wo es noch versteckt ist? – Es sei wo es wolle, hier ist mindestens das Skelett von seinem Faust!

Die Szene eröffnet sich mit einer Konferenz der höllischen Geister, in welcher die Subalternen dem Obersten der Teufel Rechenschaft von ihren auf der Erde unternommenen und ausgeführten Arbeiten ablegen. Denken Sie, was ein Mann wie Lessing aus diesem Stoffe zu machen weiß! – Der letztere, welcher von den Unterteufeln erscheint, berichtet: daß er wenigstens einen Mann auf der Erde gefunden habe, welchem nun gar nicht beizukommen sei; er habe keine Leidenschaft, keine Schwachheit; in der nähern Untersuchung dieser Nachricht wird Fausts Charakter immer mehr entwickelt; und auf die Nachfragen nach allen seinen Trieben und Neigungen antwortet endlich der Geist: Er hat nur einen Trieb, nur eine Neigung; einen unauslöschlichen Durst nach Wissenschaften und Kenntnis. – Ha! ruft der Oberste der Teufel aus, dann ist er mein, und auf immer mein, und sicherer mein als bei jeder andern Leidenschaft! – Sie werden ohne mein Zutun fühlen, was alles in dieser Idee liegt; vielleicht wäre sie ein wenig zu

bösartig, wenn die Auflösung des Stückes nicht die Menschheit beruhigte. Aber urteilen Sie selbst, wieviel dramatisches Interesse dadurch in das Stück gebracht, wie sehr der Leser bis zur Angst beunruhigt werden müsse. – Nun erhält Mephistophiles Auftrag und Anweisung, was und wie er es anzufangen habe, um den armen Faust zu fangen; in den folgenden Akten beginnt – und vollendet er, dem Scheine nach, sein Werk; hier kann ich Ihnen keinen bestimmten Punkt angeben; aber die Größe, der Reichtum des Feldes, besonders für einen Mann wie Lessing, ist unübersehlich. – – Genug, die höllischen Heerscharen glauben ihre Arbeit vollbracht zu haben; sie stimmen im fünften Akte Triumphlieder an – wie eine Erscheinung aus der Oberwelt sie auf die unerwartetste und doch natürlichste und doch für jeden beruhigendste Art unterbricht: Triumphiert nicht, ruft ihnen der Engel zu, ihr habt nicht über Menschheit und Wissenschaft gesiegt; die Gottheit hat dem Menschen nicht den edelsten der Triebe gegeben, um ihn ewig unglücklich zu machen; was ihr sahet und jetzt zu besitzen glaubt, war nichts als ein Phantom. –
So wenig, mein teuerster Freund! dies auch, was ich Ihnen mitteilen kann, immer ist; sosehr verdient es, meines Bedünkens, denn doch aufbewahrt zu werden. Machen Sie nach Belieben Gebrauch davon! – etc.

Leipzig, am 14. Mai 1784.

IV

An den Herausgeber des *Theatralischen Nachlasses*[2]

Von Johann Jakob Engel

Es ist ganz wahr, liebster Freund, daß Ihr seliger vortrefflicher Bruder mir verschiedene seiner Ideen zu theatralischen

2 *Gotthold Ephraim Leßings Theatralischer Nachlaß*, [hrsg. von Lessings Bruder Karl Gotthelf,] Tl. 2, Berlin 1786, S. 189–197. – Johann Jakob Engel (1741–1802), Schriftsteller, zur Berliner Aufklärung gehörend.

Stücken mitgeteilt hat. Aber das ist nun schon so lange her; die Pläne selbst waren so wenig ausgeführt oder wurden mir doch so unvollständig erzählt, daß ich nichts mehr in meinem Gedächtnis davon zusammenfinde, was des Niederschreibens, geschweige denn des öffentlichen Bekanntmachens, wert wäre. Von seinem *Faust* indessen, um den Sie mich vorzüglich fragen, weiß ich noch dieses und jenes; wenigstens erinnere ich mich im allgemeinen der Anlage der ersten Szene und der letzten Hauptwendung derselben.
Das Theater stellt in dieser Szene eine zerstörte gotische Kirche vor, mit einem Hauptaltar und sechs Nebenaltären. Zerstörung der Werke Gottes ist Satans Wollust; Ruinen eines Tempels, wo ehemals der Allgütige verehrt ward, sind seine Lieblingswohnung. Eben hier also ist der Versammlungsort der höllischen Geister zu ihren Beratschlagungen. Satan selbst hat seinen Sitz auf dem Hauptaltar; auf die Nebenaltäre sind die übrigen Teufel zerstreut. Alle aber bleiben dem Auge unsichtbar; nur ihre rauhen mißtönenden Stimmen werden gehört. Satan fordert Rechenschaft von den Taten, welche die übrigen Teufel ausgeführt haben; ist mit diesen zufrieden, mit jenen unzufrieden. – Da das wenige, dessen ich mich aus dieser Szene erinnere, so einzeln und abgerissen, ohne alle Wirkung sein würde; so wage ich's, die Lücken dazwischen zu füllen und die ganze Szene hieherzuwerfen. –

SATAN. Rede, du Erster! Gib uns Bericht, was du getan hast!

ERSTER TEUFEL. Satan! Ich sah eine Wolke am Himmel; die trug Zerstörung in ihrem Schoß: da schwang ich mich auf zu ihr, barg mich in ihr schwärzestes Dunkel und trieb sie und hielt mit ihr über der Hütte eines frommen Armen, der bei seinem Weibe im ersten Schlummer ruhte. Hier zerriß ich die Wolke und schüttete all ihre Glut auf die Hütte, daß die lichte Lohe emporschlug und alle Habe des Elenden ihr Raub ward. – Das war alles, was ich vermochte, Satan. Denn ihn selbst, seine jammernden Kinder, sein Weib; die riß Gottes Engel noch aus dem Feuer, und als ich den sah – entfloh ich.

SATAN. Elender! Feiger! – Und du sagst, es war eines Armen, es war eines Frommen Hütte?

ERSTER TEUFEL. Eines Frommen und eines Armen, Satan. Jetzt ist er nackt und bloß und verloren.

SATAN. Für uns! Ja, das ist er auf ewig. Nimm dem Reichen sein Gold, daß er verzweifle, und schütt es auf den Herd des Armen, daß es sein Herz verführe: dann haben wir zwiefachen Gewinn! Den frommen Armen noch ärmer machen, das knüpft ihn nur desto fester an Gott. – – Rede, du Zweiter! Gib uns bessern Bericht!

ZWEITER TEUFEL. Das kann ich, Satan. – Ich ging aufs Meer und suchte mir einen Sturm, mit dem ich verderben könnte, und fand ihn: da schallten, indem ich dem Ufer zuflog, wilde Flüche zu mir hinauf, und als ich niedersah, fand ich eine Flotte mit Wuchrern segeln. Schnell wühlt' ich mich mit dem Orkan in die Tiefe, kletterte an der schäumenden Woge wieder gen Himmel – –

SATAN. Und ersäuftest sie in der Flut?

ZWEITER TEUFEL. Daß nicht einer entging! Die ganze Flotte zerriß ich, und alle Seelen, die sie trug, sind nun dein.

SATAN. Verräter! diese waren schon mein. Aber sie hätten des Fluchs und Verderbens noch mehr über die Erde gebracht; hätten an den fremden Küsten geraubt, geschändet, gemordet; hätten neue Reize zu Sünden von Weltteil zu Weltteil geführt: und das alles – das ist nun hin und verloren! – Oh, du sollst mir zurück in die Hölle, Teufel; du zerstörst nur mein Reich. – – Rede, du Dritter! Fuhrst auch du in Wolken und Stürmen?

DRITTER TEUFEL. So hoch fliegt mein Geist nicht, Satan: ich liebe das Schreckliche nicht. Mein ganzes Dichten ist Wollust.

SATAN. Da bist du nur um so schrecklicher für die Seelen!

DRITTER TEUFEL. Ich sah eine Buhlerin schlummern; die wälzte sich, halb träumend, halb wachend in ihren Begierden, und ich schlich hin an ihr Lager. Aufmerksam lauscht' ich auf jeden Zug ihres Atems, horcht' ihr in die Seele auf jede wollüstige Phantasie; und endlich – da erhascht' ich glücklich das Lieblingsbild, das ihren Busen am höchsten schwellte. Aus diesem Bilde schuf ich mir eine Gestalt, eine schlanke, nervichte blühende Jünglingsgestalt: und in der – –

SATAN *(schnell)*. Raubtest du einem Mädchen die Unschuld?

DRITTER TEUFEL. Raubt' ich einer noch unberührten Schönheit – den ersten Kuß. Weiter trieb ich sie nicht. – Aber sei gewiß! Ich hab ihr nun eine Flamme ins Blut gehaucht; die gibt sie dem ersten Verführer preis, und diesem spart' ich die Sünde. Ist dann erst *sie* verführt – –

SATAN. So haben wir Opfer auf Opfer; denn sie wird wieder verführen. – Ha gut! In deiner Tat ist doch Absicht. – Da lernt, ihr Ersten! ihr Elenden, die ihr nur Verderben in der Körperwelt stiftet! Dieser hier stiftet Verderben in der Welt der Seelen; das ist der bessere Teufel. – – Sag an, du Vierter! Was hast du für Taten getan?

VIERTER TEUFEL. Keine, Satan. – Aber einen Gedanken gedacht, der, wenn er Tat würde, aller jener Taten zu Boden schlüge.

SATAN. Der ist? –

VIERTER TEUFEL. Gott seinen Liebling zu rauben. – Einen denkenden, einsamen Jüngling, ganz der Weisheit ergeben; ganz nur für sie atmend, für sie empfindend; jeder Leidenschaft absagend, außer der einzigen für die Wahrheit; dir und uns allen gefährlich, wenn er einst Lehrer des Volks würde – den ihm zu rauben, Satan!

SATAN. Trefflich! Herrlich! Und dein Entwurf? –

VIERTER TEUFEL. Sieh, ich knirsche; ich habe keinen. – Ich schlich von allen Seiten um seine Seele; aber ich fand keine Schwäche, bei der ich ihn fassen könnte.

SATAN. Tor! Hat er nicht Wißbegierde?

VIERTER TEUFEL. Mehr, als irgendein Sterblicher.

SATAN. So laß ihn nur mir über! Das ist genug zum Verderben. – –

Und nun ist Satan viel zu voll von seinem Entwurfe, als daß er noch den Bericht der übrigen Teufel sollte hören wollen. Er bricht mit der ganzen Versammlung auf; alle sollen ihm zur Ausführung seiner großen Absichten beistehn. Des Erfolgs hält er bei den Hülfsmitteln, die ihm Macht und List geben, sich völlig versichert. Aber der Engel der Vorsehung, der unsichtbar über den Ruinen geschwebt hat, verkündiget uns die Fruchtlosigkeit der Bestrebungen Satans, mit den feierlich, aber sanft gesprochenen Worten, die aus der Höhe herabschallen: *Ihr sollt nicht siegen!* – –

So sonderbar wie der Entwurf dieser ersten Szene ist der Entwurf des ganzen Stücks. Der Jüngling, den Satan zu verführen sucht, ist, wie Sie gleich werden erraten haben, *Faust*; diesen *Faust* begräbt der Engel in einen tiefen Schlummer und erschafft an seiner Stelle ein Phantom, womit die Teufel so lange ihr Spiel treiben, bis es in dem Augenblick, da sie sich seiner völlig versichern wollen, verschwindet. Alles, was mit diesem Phantome vorgeht, ist Traumgesicht für den schlafenden wirklichen *Faust*: dieser erwacht, da schon die Teufel sich schamvoll und wütend entfernt haben, und dankt der Vorsehung für die Warnung, die sie durch einen so lehrreichen Traum ihm hat geben wollen. – Er ist jetzt fester in Wahrheit und Tugend als jemals. Von der Art, wie die Teufel den Plan der Verführung anspinnen und fortführen, müssen Sie keine Nachricht von mir erwarten: ich weiß nicht, ob mich hier mehr die Erzählung Ihres Bruders oder mehr mein Gedächtnis verläßt; aber wirklich liegt alles, was mir davon vorschwebt, zu tief im Dunkeln, als daß ich hoffen dürfte, es wieder ans Licht zu ziehen.

Gotthold Ephraim Lessing: D. Faust – Die Matrone von Ephesus. Fragmente. Hrsg. von Karl S. Guthke. Stuttgart: Reclam, 1968 [u. ö.]. (Universal-Bibliothek. 6719.) S. 5–7, 11–13, 29–31, 32–36.

5.

JEAN-JACQUES ROUSSEAUS empfindsamer Roman *Julie, ou La Nouvelle Héloïse* (1764, unter anderem Titel schon 1761) war für Goethe auch für *Die Leiden des jungen Werthers* (1774) wichtig. Auf die zitierten Stellen nimmt er offensichtlich Bezug in der Szene »Abend«.

Lettre LIV

A Julie

J'arrive plein d'une émotion qui s'accroît en entrant dans cet asile. Julie! me voici dans ton cabinet, me voici dans le sanctuaire de tout ce que mon cœur adore. Le flambeau de l'amour guidait mes pas, et j'ai passé sans être aperçu. Lieu charmant, lieu fortuné, qui jadis vis tant réprimer de regards tendres, tant étouffer de soupirs brûlants; toi, qui vis naître et nourrir mes premiers feux, pour la seconde fois tu les verras couronner; témoin de ma constance immortelle, sois le témoin de mon bonheur, et voile à jamais les plaisirs du plus fidèle et du plus heureux des hommes.
Que ce mystérieux séjour est charmant! Tout y flatte et nourrit l'ardeur qui me dévore. O Julie! il est plein de toi, et la flamme de mes désirs s'y répand sur tous tes vestiges: oui, tous mes sens y sont enivrés à la fois. Je ne sais quel parfum presque insensible, plus doux que la rose et plus léger que l'iris, s'exhale ici de toutes parts, j'y crois entendre le son flatteur de ta voix. Toutes les parties de ton habillement éparses présentent à mon ardente imagination celles de toi-même qu'elles recèlent: cette coiffure légère que parent de grands cheveux blonds qu'elle feint de couvrir; cet heureux fichu contre lequel une fois au moins je n'aurai point à murmurer; ce déshabillé élégant et simple qui marque si bien le goût de celle qui le porte; ces mules si mignonnes qu'un pied souple remplit sans peine; ce corps si délié qui touche et embrasse ... quelle taille enchanteresse! ... au-devant deux légers con-

tours ... O spectacle de volupté! ... la baleine a cédé à la force de l'impression ... Empreintes délicieuses, que je vous baise mille fois! Dieux! dieux! que sera-ce quand ... Ah! je crois déjà sentir ce tendre cœur battre sous une heureuse main! Julie! ma charmante Julie! je te vois, je te sens partout, je te respire avec l'air que tu as respiré; tu pénètres toute ma substance: que ton séjour est brûlant et douloureux pour moi! Il est terrible à mon impatience. O viens, vole, ou je suis perdu.

Quel bonheur d'avoir trouvé de l'encre et du papier! J'exprime ce que je sens pour en tempérer l'excès; je donne le change à mes transports en les décrivant.

Il me semble entendre du bruit; serait-ce ton barbare père? Je ne crois pas être lâche ... Mais qu'en ce moment la mort me serait horrible! Mon désespoir serait égal à l'ardeur qui me consume. Ciel, je te demande encore une heure de vie, et j'abandonne le reste de mon être à ta rigueur. O désirs! ô craintes! ô palpitations cruelles! ... On ouvre! ... on entre! ... c'est elle! c'est elle! je l'entre-vois, je l'ai vue, j'entends refermer la porte. Mon cœur, mon faible cœur, tu succombes à tant d'agitations; ah! cherche des forces pour supporter la félicité qui t'accable!

Jean-Jacques Rousseau: Julie, ou La Nouvelle Héloïse. Éd. par René Pomeau. Paris: Garnier frères, 1960. S. 121 f.

Der vierundfünfzigste Brief

An Julien

Ich lange an, voll von einer Bewegung, die beim Eintritt in diese geheiligte Freistätte noch stärker aufwallt. Julie! Hier bin ich in Deinem Kabinette, hier, im Heiligtum alles dessen, was mein Herz anbetet. Die Liebe leuchtete mir und leitete meine Schritte; ich bin glücklich hereingekommen, ohne von jemandem bemerkt zu werden. Reizender, glücklicher Ort, du hast einst gesehen, wie so viele zärtliche Blicke zurückgehalten, so viele brennende Seufzer erstickt wurden; du sahest das erste Feuer meiner Liebe entstehen und sich nähren; nun sollst du beim zweitenmal sehen, wie sie gekrönt wird! Du Zeuge meiner ewigen Beständigkeit, sei auch Zeuge meines Glückes und verbirg auf ewig die Wonne des getreuesten und glücklichsten unter den Menschen!

Wie bezaubernd ist dieser geheimnisvolle Ort! Alles begünstigt und nährt hier das Feuer in meinem Herzen. O Julie! Er ist von Dir erfüllt, und mein brennendes Verlangen erfaßt alles, was an Dich erinnert. Ja, alle meine Sinne werden hier zur gleichen Zeit trunken. Ich weiß nicht, welcher fast unmerkliche Wohlgeruch, anmutiger als die Rose, flüchtiger als die Schwertlilie, sich hier überall verbreitet. Hier glaube ich Deiner Stimme einnehmenden Ton zu hören. Jeder Teil Deines Putzes, den ich hier und da erblicke, stellt meiner feurigen Einbildungskraft den vor, den er an Dir selbst bedeckt. Dieser leichte Kopfputz, den lange blonde Haare schmücken, die er zu bedecken vorgibt; das glückliche Halstuch, über das ich doch ein Mal wenigstens mich nicht werde beschweren müssen; das geschmackvolle und doch schlichte Negligé, das den Geschmack derer, die es trägt, so gut bekundet; die niedlichen Pantoffeln, die ein geschmeidiger Fuß ohne Mühe ausfüllt; dieses aufgeschnürte Leibchen, das den Leib berührt und umfängt – welch bezaubernde Taille – am Vorderteile zwei leichte Wölbungen – o wollüstiger Anblick! – Das Fischbein hat der Gewalt des Drucks nachgegeben – köstliche Spuren; laßt euch tausendmal küssen! – Ihr Götter! Wie wird es werden, wenn – Ach, schon glaube ich, dieses zarte Herz zu fühlen, wie es unter einer glücklichen Hand schlägt! Julie! Meine reizende Julie! Ich sehe, ich fühle Dich überall, ich atme Dich mit der Luft, die Du eingeatmet hast; Du durchdringst mein ganzes Wesen. Wie brennend und schmerzhaft ist Deine Behausung für mich! Sie ist schrecklich für meine Ungeduld. O komm, komm geschwind, oder ich bin verloren!

Was für ein Glück, daß ich Tinte und Papier gefunden habe! Ich suche das, was ich fühle, auszudrücken, um der Empfin-

dung Stärke zu mäßigen; ich dämpfe meine Erregung, indem ich sie beschreibe.
Mich dünkt, ich höre Geräusche. Sollte es Dein unmenschlicher Vater sein? Ich glaube nicht, daß ich verzagt bin – Wie entsetzlich aber wäre mir in diesem Augenblicke der Tod! Meine Verzweiflung würde gleich heftig sein als das Feuer, das mich verzehrt. – Himmel! Nur noch eine Stunde Leben erbitte ich von dir; dann sei das übrige deiner Strenge überlassen! O Verlangen! O Furcht! O grausames Herzklopfen! – Die Türe geht auf! – Es kommt jemand! – Sie! Sie ist's! Ich sehe sie von weitem, ich erblicke sie ganz; ich höre die Türe sich wieder schließen. Mein Herz, mein schwaches Herz, so vielen gewaltsamen Regungen kannst du nicht widerstehen. Ach suche Kräfte, so viele Glückseligkeit, womit du überhäuft wirst, zu ertragen!

Jean-Jacques Rousseau: Julie oder Die neue Héloïse. In der ersten deutschen Übertr. von Johann Gottfried Gellius. Vollst. überarb. und erg. nach der Edition Rey, Amsterdam 1761, sowie mit einer Zeittaf. von Dietrich Leube. Mit Anm. und einem Nachw. von Reinhold Wolff. München: Winkler, 1978. S. 147 f.

6.

GOETHES Rede *Zum Shakespeares-Tag*, entstanden 1771, veröffentlicht 1854, ist für die Konzeption vieler Werke der 1770er Jahre aufschlußreich; vgl. auch den nachfolgenden Text Herders.

Zum Shakespeares-Tag

Mir kommt vor, das sei die edelste von unsern Empfindungen, die Hoffnung, auch dann zu bleiben, wenn das Schicksal uns zur allgemeinen Nonexistenz zurückgeführt zu haben scheint. Dieses Leben, meine Herren, ist für unsre Seele viel zu kurz, Zeuge, daß jeder Mensch, der geringste wie der höchste, der unfähigste wie der würdigste, eher alles müd' wird als zu leben; und daß keiner sein Ziel erreicht, wornach er so sehnlich ausging – denn wenn es einem auf seinem Gange auch noch so lang' glückt, fällt er doch endlich, und oft im Angesicht des gehofften Zwecks, in eine Grube, die ihm, Gott weiß wer, gegraben hat, und wird für nichts gerechnet.

Für nichts gerechnet! Ich! Der ich mir alles bin, da ich alles nur durch mich kenne! So ruft jeder, der sich fühlt, und macht große Schritte durch dieses Leben, eine Bereitung für den unendlichen Weg drüben. Freilich jeder nach seinem Maß. Macht der eine mit dem stärksten Wandertrab sich auf, so hat der andre Siebenmeilenstiefel an, überschreitet ihn, und zwei Schritte des letzten bezeichnen die Tagreise des ersten. Dem sei, wie ihm wolle, dieser emsige Wandrer bleibt unser Freund und unser Geselle, wenn wir die gigantischen Schritte jenes anstaunen und ehren, seinen Fußtapfen folgen, seine Schritte mit den unsrigen abmessen.

Auf die Reise, meine Herren! die Betrachtung so eines einzigen Tapfs macht unsre Seele feuriger und größer als das Angaffen eines tausendfüßigen königlichen Einzugs.

Wir ehren heute das Andenken des größten Wandrers und tun uns dadurch selbst eine Ehre an. Von Verdiensten, die wir zu schätzen wissen, haben wir den Keim in uns.

Erwarten Sie nicht, daß ich viel und ordentlich schreibe, Ruhe der Seele ist kein Festtagskleid; und noch zurzeit habe ich wenig über Shakespearen gedacht; geahndet, empfunden, wenn's hoch kam, ist das höchste, wohin ich's habe bringen können. Die erste Seite, die ich in ihm las, machte mich auf zeitlebens ihm eigen, und wie ich mit dem ersten Stücke fertig war, stund ich wie ein Blindgeborner, dem eine Wunderhand das Gesicht in einem Augenblicke schenkt. Ich erkannte, ich fühlte aufs lebhafteste meine Existenz um eine Unendlichkeit erweitert, alles war mir neu, unbekannt, und das ungewohnte Licht machte mir Augenschmerzen. Nach und nach lernt' ich sehen, und, Dank sei meinem erkenntlichen Genius, ich fühle noch immer lebhaft, was ich gewonnen habe.

Ich zweifelte keinen Augenblick, dem regelmäßigen Theater

zu entsagen. Es schien mir die Einheit des Orts so kerkermäßig ängstlich, die Einheiten der Handlung und der Zeit lästige Fesseln unsrer Einbildungskraft. Ich sprang in die freie Luft und fühlte erst, daß ich Hände und Füße hatte. Und jetzo, da ich sahe, wie viel Unrecht mir die Herrn der Regeln in ihrem Loch angetan haben, wie viel freie Seelen noch drinne sich krümmen, so wäre mir mein Herz geborsten, wenn ich ihnen nicht Fehde angekündigt hätte und nicht täglich suchte, ihre Türne zusammenzuschlagen.

Das griechische Theater, das die Franzosen zum Muster nahmen, war nach innrer und äußerer Beschaffenheit so, daß eher ein Marquis den Alcibiades nachahmen könnte, als es Corneillen dem Sophokles zu folgen möglich wär'.

Erst Intermezzo des Gottesdiensts, dann feierlich politisch, zeigte das Trauerspiel einzelne große Handlungen der Väter dem Volk mit der reinen Einfalt der Vollkommenheit, erregte ganze, große Empfindungen in den Seelen, denn es war selbst ganz und groß.

Und in was für Seelen!

Griechischen! Ich kann mich nicht erklären, was das heißt, aber ich fühl's und berufe mich der Kürze halber auf Homer und Sophokles und Theokrit, die haben's mich fühlen gelehrt.

Nun sag' ich geschwind hintendrein: »Französchen, was willst du mit der griechischen Rüstung, sie ist dir zu groß und zu schwer.«

Drum sind auch alle französische Trauerspiele Parodien von sich selbst.

Wie das so regelmäßig zugeht, und daß sie einander ähnlich sind wie Schuhe und auch langweilig mitunter, besonders in genere im vierten Akt, das wissen die Herren leider aus der Erfahrung, und ich sage nichts davon.

Wer eigentlich zuerst drauf gekommen ist, die Haupt- und Staatsaktionen aufs Theater zu bringen, weiß ich nicht, es gibt Gelegenheit für den Liebhaber zu einer kritischen Abhandlung. Ob Shakespearen die Ehre der Erfindung gehört, zweifl' ich: genung, er brachte diese Art auf den Grad, der

noch immer der höchste geschienen hat, da so wenig Augen hinaufreichen, und also schwer zu hoffen ist, einer könne ihn übersehen oder gar übersteigen.
Shakespeare, mein Freund, wenn du noch unter uns wärest, ich könnte nirgend leben als mit dir, wie gern wollt' ich die Nebenrolle eines Pylades spielen, wenn du Orest wärst, lieber als die geehrwürdigte Person eines Oberpriesters im Tempel zu Delphos.
Ich will abbrechen, meine Herren, und morgen weiter schreiben, denn ich bin in einem Ton, der Ihnen vielleicht nicht so erbaulich ist, als er mir von Herzen geht.
Shakespeares Theater ist ein schöner Raritätenkasten, in dem die Geschichte der Welt vor unsern Augen an dem unsichtbaren Faden der Zeit vorbeiwallt. Seine Plane sind, nach dem gemeinen Stil zu reden, keine Plane, aber seine Stücke drehen sich alle um den geheimen Punkt (den noch kein Philosoph gesehen und bestimmt hat), in dem das Eigentümliche unsres Ichs, die prätendierte Freiheit unsres Wollens, mit dem notwendigen Gang des Ganzen zusammenstößt. Unser verdorbner Geschmack aber umnebelt dergestalt unsere Augen, daß wir fast eine neue Schöpfung nötig haben, uns aus dieser Finsternis zu entwickeln.
Alle Franzosen und angesteckte Deutsche, sogar Wieland haben sich bei dieser Gelegenheit wie bei mehreren wenig Ehre gemacht. Voltaire, der von jeher Profession machte, alle Majestäten zu lästern, hat sich auch hier als ein echter Thersit bewiesen. Wäre ich Ulysses, er sollte seinen Rücken unter meinem Szepter verzerren.
Die meisten von diesen Herren stoßen auch besonders an seinen Charakteren an.
Und ich rufe: Natur! Natur! nichts so Natur als Shakespeares Menschen.
Da hab' ich sie alle überm Hals.
Laßt mir Luft, daß ich reden kann!
Er wetteiferte mit dem Prometheus, bildete ihm Zug vor Zug seine Menschen nach, nur in k o l o s s a l i s c h e r G r ö ß e; darin liegt's, daß wir unsre Brüder verkennen; und dann

belebte er sie alle mit dem Hauch *seines* Geistes, *er* redet aus allen, und man erkennt ihre Verwandtschaft.

Und was will sich unser Jahrhundert unterstehen, von Natur zu urteilen? Wo sollten wir sie her kennen, die wir von Jugend auf alles geschnürt und geziert an uns fühlen und an andern sehen. Ich schäme mich oft vor Shakespearen, denn es kommt manchmal vor, daß ich beim ersten Blick denke, das hätt' ich anders gemacht! Hintendrein erkenn' ich, daß ich ein armer Sünder bin, daß aus Shakespearen die Natur weissagt, und daß meine Menschen Seifenblasen sind, von Romanengrillen aufgetrieben.

Und nun zum Schluß, ob ich gleich noch nicht angefangen habe.

Das, was edle Philosophen von der Welt gesagt haben, gilt auch von Shakespearen, das, was wir bös nennen, ist nur die andre Seite vom Guten, die so notwendig zu seiner Existenz und in das Ganze gehört, als Zona torrida brennen und Lappland einfrieren muß, daß es einen gemäßigten Himmelsstrich gebe. Er führt uns durch die ganze Welt, aber wir verzärtelte, unerfahrne Menschen schreien bei jeder fremden Heuschrecke, die uns begegnet: »Herr, er will uns fressen.«

Auf, meine Herren! trompeten Sie mir alle edle Seelen aus dem Elysium des sogenannten guten Geschmacks, wo sie schlaftrunken in langweiliger Dämmerung halb sind, halb nicht sind, Leidenschaften im Herzen und kein Mark in den Knochen haben und, weil sie nicht müde genug zu ruhen und doch zu faul sind, um tätig zu sein, ihr Schattenleben zwischen Myrten und Lorbeergebüschen verschlendern und vergähnen.

Johann Wolfgang Goethe: Werke. Hamburger Ausgabe in 14 Bänden. Hrsg. von Erich Trunz. Bd. 12: Schriften zur Kunst. [...] Textkritisch durchges. von Erich Trunz. Komm. von Herbert von Einem. München: C. H. Beck, [9]1981. S. 224–227.

7.

Johann Gottfried Herders Aufsatz *Shakespear*, erschienen 1773 in *Von deutscher Art und Kunst. Einige fliegende Blätter*, dem Gründungsdokument des sogenannten Sturm und Drang, nimmt nicht nur rühmend Bezug auf Goethes *Götz von Berlichingen*, sondern gab auch Anregungen für die Konzeption und den an Shakespeare orientierten dramaturgischen Stil des *Urfaust*.

Shakespear.

[...]
Shakespear fand vor und um sich nichts weniger als Simplicität von Vaterlandssitten, Thaten, Neigungen und Geschichtstraditionen, die das Griechische Drama bildete, und da also nach dem Ersten metaphysischen Weisheitssatze aus Nichts Nichts wird, so wäre, Philosophen überlaßen, nicht blos kein Griechisches, sondern wenns ausserdem Nichts giebt, auch gar kein Drama in der Welt mehr geworden, und hätte werden können. Da aber Genie bekanntermaassen mehr ist, als Philosophie, und Schöpfer ein ander Ding, als Zergliederer: so wars ein Sterblicher mit Götterkraft begabt, eben aus dem entgegen gesetztesten Stoff, und in der verschiedensten Bearbeitung dieselbe Würkung hervor zu rufen, Furcht und Mitleid! und beide in einem Grade, wie jener Erste Stoff und Bearbeitung es kaum vormals hervorzubringen vermocht! – Glücklicher Göttersohn über sein Unternehmen! Eben das Neue, Erste, ganz Verschiedne zeigt die Urkraft seines Berufs.
Shakespear fand keinen Chor vor sich; aber wohl Staats- und Marionettenspiele – wohl! er bildete also aus diesen Staats- und Marionettenspielen, dem so schlechten Leim! das herrliche Geschöpf, das da vor uns steht und lebt! Er fand keinen so einfachen Volks- und Vaterlandscharakter, sondern ein Vielfaches von Ständen, Lebensarten, Gesinnungen, Völkern und Spracharten – der Gram um das Vorige wäre vergebens gewesen; er dichtete also Stände und Menschen,

Völker und Spracharten, König und Narren, Narren und König zu dem herrlichen Ganzen! Er fand keinen so einfachen Geist der Geschichte, der Fabel, der Handlung: er nahm Geschichte, wie er sie fand, und setzte mit Schöpfergeist das verschiedenartigste Zeug zu einem Wunderganzen zusammen, was wir, wenn nicht Handlung im Griechischen Verstande, so Aktion im Sinne der mittlern, oder in der Sprache der neuern Zeiten Begebenheit (événement) grosses Eräugniß nennen wollen – o Aristoteles, wenn du erschienest, wie würdest du den neuen Sophokles Homerisiren! würdest so eine eigne Theorie über ihn dichten, die jetzt seine Landsleute, Home und Hurd, Pope und Johnson noch nicht gedichtet haben! Würdest dich freuen, von Jedem deiner Stücke, Handlung, Charakter, Meinungen, Ausdruck, Bühne wie aus zwei Punkten des Dreiecks Linien ziehen zu können, die sich oben in Einem Punkte des Zwecks, der Vollkommenheit begegnen! Würdest zu Sophokles sagen: mahle das heilige Blatt dieses Altars! und du o Nordischer Barde alle Seiten und Wände dieses Tempels in dein unsterbliches Fresko!

Man laße mich als Ausleger und Rhapsodisten fortfahren: denn ich bin Shakespear näher als dem Griechen. Wenn bei diesem das Eine einer Handlung herrscht: so arbeitet Jener auf das Ganze eines Eräugnisses, einer Begebenheit. Wenn bei Jenem Ein Ton der Charaktere herrschet, so bei diesem alle Charaktere, Stände und Lebensarten, so viel nur fähig und nöthig sind, den Hauptklang seines Concerts zu bilden. Wenn in Jenem Eine singende feine Sprache, wie in einem höhern Äther tönet, so spricht dieser die Sprache aller Alter, Menschen und Menschenarten, ist Dollmetscher der Natur in all' ihren Zungen – und auf so verschiedenen Wegen beide Vertraute Einer Gottheit? – Und wenn Jener Griechen vorstellt und lehrt und rührt und bildet, so lehrt, rührt und bildet Shakespear Nordische Menschen! Mir ist, wenn ich ihn lese, Theater, Akteur, Koulisse verschwunden! Lauter einzelne im Sturm der Zeiten wehende Blätter aus dem Buch der Begebenheiten, der Vorsehung, der Welt! – einzelne

Gepräge der Völker, Stände, Seelen! die alle die verschiedenartigsten und abgetrenntest handelnden Maschienen, alle – was wir in der Hand des Weltschöpfers sind – unwißende, blinde Werkzeuge zum Ganzen Eines theatralischen Bildes, Einer Grösse habenden Begebenheit, die nur der Dichter überschauet. Wer kann sich einen grössern Dichter der Nordischen Menschheit und in dem Zeitalter! denken!
Wie vor einem Meere von Begebenheit, wo Wogen in Wogen rauschen, so tritt vor seine Bühne. Die Auftritte der Natur rücken vor und ab; würken in einander, so Disparat sie scheinen; bringen sich hervor, und zerstören sich, damit die Absicht des Schöpfers, der alle im Plane der Trunkenheit und Unordnung gesellet zu haben schien, erfüllt werde – dunkle kleine Symbole zum Sonnenriß einer Theodicee Gottes. Lear, der rasche, warme, edelschwache Greis, wie er da vor seiner Landcharte steht, und Kronen wegschenkt und Länder zerreißt – in der Ersten Scene der Erscheinung trägt schon allen Saamen seiner Schicksale zur Ernte der dunkelsten Zukunft in sich. Siehe! der gutherzige Verschwender, der rasche Unbarmherzige, der kindische Vater wird es bald seyn auch in den Vorhöfen seiner Töchter – bittend, betend, betelnd, fluchend, schwärmend, segnend, – ach, Gott! und Wahnsinn ahndend. Wirds seyn bald mit blossem Scheitel unter Donner und Blitz, zur untersten Klaße von Menschen herabgestürzt, mit einem Narren und in der Höle eines tollen Bettlers Wahnsinn gleichsam pochend vom Himmel herab. – Und nun ist wie ers ist, in der ganzen leichten Majestät seines Elends und Verlassens; und nun zu sich kommend, angeglänzt vom letzten Strale der Hoffnung, damit diese auf ewig, ewig erlösche! Gefangen, die todte Wohlthäterin, Verzeiherin, Kind, Tochter auf seinen Armen! auf ihrem Leichnam sterbend, der alte Knecht dem alten Könige nachsterbend – Gott! welch ein Wechsel von Zeiten, Umständen, Stürmen, Wetter, Zeitläuften! und alle nicht blos Eine Geschichte – Helden und Staatsaktion, wenn du willt! von Einem Anfange zu Einem Ende, nach der strengsten Regel deines Aristoteles; sondern tritt näher, und fühle den Menschengeist, der

auch jede Person und Alter und Charakter und Nebending in das Gemälde ordnete. Zween alte Väter und alle ihre so verschiedne Kinder! Des Einen Sohn gegen einen betrognen Vater unglücklich dankbar, der andre gegen den gutherzigsten Vater scheuslich undankbar und abscheulich glücklich. Der gegen seine Töchter! diese gegen ihn! ihre Gemal, Freier und alle Helfershelfer im Glück und Unglück. Der blinde Gloster am Arm seines unerkannten Sohnes, und der tolle Lear zu den Füssen seiner vertriebnen Tochter! und nun der Augenblick der Wegscheide des Glücks, da Gloster unter seinem Baume stirbt, und die Trompete rufet, alle Nebenumstände, Triebfedern, Charaktere und Situationen dahinein gedichtet – Alles im Spiel! zu Einem Ganzen fortwickelnd – zu einem Vater- und Kinder-, Königs- und Narren- und Bettler- und Elend-Ganzen zusammen geordnet, wo doch überall bei den Disparatsten Scenen Seele der Begebenheit athmet, wo Örter, Zeiten, Umstände, selbst, möchte ich sagen, die heidnische Schicksals- und Sternenphilosophie, die durchweg herrschet, so zu diesem Ganzen gehören, daß ich Nichts verändern, versetzen, aus andern Stücken hieher oder hieraus in andre Stücke bringen könnte. Und das wäre kein Drama? Shakespear kein Dramatischer Dichter? Der hundert Auftritte einer Weltbegebenheit mit dem Arm umfaßt, mit dem Blick ordnet, mit der Einen durchhauchenden, Alles belebenden Seele erfüllet, und nicht Aufmerksamkeit; Herz, alle Leidenschaften, die ganze Seele von Anfang bis zu Ende fortreißt – wenn nicht mehr, so soll Vater Aristoteles zeugen, »die Grösse des lebendigen Geschöpfs darf nur mit Einem Blick übersehen werden können« – und hier – Himmel! wie wird das Ganze der Begebenheit mit tiefster Seele fortgefühlt und geendet! – Eine Welt Dramatischer Geschichte, so groß und tief wie die Natur; aber der Schöpfer gibt uns Auge und Gesichtspunkt, so groß und tief zu sehen!

In Othello, dem Mohren, welche Welt! welch ein Ganzes! lebendige Geschichte der Entstehung, Fortgangs, Ausbruchs, traurigen Endes der Leidenschaft dieses Edlen Unglückseligen! und in welcher Fülle, und Zusammenlauf der Räder zu Einem Werke! Wie dieser Jago, der Teufel in Menschengestalt, die Welt ansehn, und mit allen, die um ihn sind, spielen! und wie nun die Gruppe, ein Caßio und Rodrich, Othello und Desdemone in den Charakteren, mit dem Zunder von Empfänglichkeiten seiner Höllenflamme, um ihn stehen muß, und jedes ihm in den Wurf kommt, und er Alles braucht, und Alles zum traurigen Ende eilet. – Wenn ein Engel der Vorsehung Menschliche Leidenschaften gegen einander abwog, und Seelen und Charaktere gruppirte, und ihnen Anläße, wo Jedes im Wahn des Freien handelt, zuführt, und er sie alle mit diesem Wahne, als mit der Kette des Schicksals zu seiner Idee leitet – so war der Menschliche Geist, der hier entwarf, sann, zeichnete, lenkte.

Daß Zeit und Ort, wie Hülsen um den Kern immer mit gehen, sollte nicht einmal erinnert werden dörfen, und doch ist hierüber eben das helleste Geschrei. Fand Shakespear den Göttergriff eine ganze Welt der Disparatesten Auftritte zu Einer Begebenheit zu erfaßen; natürlich gehörte es eben zur Wahrheit seiner Begebenheiten, auch Ort und Zeit jedesmal zu idealisiren, daß sie mit zur Täuschung beitrügen. Ist wohl jemand in der Welt zu einer Kleinigkeit seines Lebens Ort und Zeit gleichgültig? und sind sies insonderheit in den Dingen, wo die ganze Seele geregt, gebildet, umgebildet wird? in der Jugend, in Scenen der Leidenschaft, in allen Handlungen aufs Leben! Ists da nicht eben Ort und Zeit und Fülle der äussern Umstände, die der ganzen Geschichte Haltung, Dauer, Exsistenz geben muß, und wird ein Kind, ein Jüngling, ein Verliebter, ein Mann im Felde der Thaten sich wohl Einen Umstand des Lokals, des Wie? und Wo? und Wann? wegschneiden laßen, ohne daß die ganze Vorstellung seiner Seele litte? Da ist nun Shakespear der gröste Meister, eben weil er nur und immer Diener der Natur ist. Wenn er die Begebenheiten seines Drama dachte, im Kopf wälzte, wie wälzen sich jedesmal Örter und Zeiten so mit umher! Aus Scenen und Zeitläuften aller Welt findet sich, wie durch ein

Gesetz der Fatalität, eben die hieher, die dem Gefühl der Handlung, die kräftigste, die idealste ist; wo die sonderbarsten, kühnsten Umstände am meisten den Trug der Wahrheit unterstützen, wo Zeit- und Ortwechsel, über die der Dichter schaltet, am lautesten rufen: »Hier ist kein Dichter! ist Schöpfer! ist Geschichte der Welt!«
Als z. E. der Dichter den schrecklichen Königsmord, Trauerspiel Macbeth genannt, als Faktum der Schöpfung in seiner Seele wälzte – bist du, mein lieber Leser, so blöde gewesen, nun in keiner Scene, Scene und Ort mit zu fühlen – wehe Shakespear, dem verwelkten Blatte in deiner Hand. So hast du nichts von der Eröfnung durch die Zauberinnen auf der Haide unter Blitz und Donner! nichts nun vom blutigen Manne mit Macbeths Thaten zur Bothschaft des Königes an ihn, nichts wider die Scene zu brechen und den prophetischen Zaubergeist zu eröfnen, und die vorige Bothschaft nun mit diesem Grusse in seinem Haupt zu mischen – gefühlt! Nicht sein Weib mit jener Abschrift des Schicksalsbriefes in ihrem Schloße wandern sehen, die hernach wie grauerlich anders wandern wird! Nicht mit dem stillen Könige noch zu guter letzt die Abendluft so sanft gewittert, rings um das Haus, wo zwar die Schwalbe so sicher nistet, aber du, o König – das ist im unsichtbaren Werk! – dich deiner Mördergrube näherst. Das Haus in unruhiger, gastlicher Zubereitung, und Macbeth in Zubereitung zum Morde! Die bereitende Nachtscene Bankos mit Fackel und Schwert! Der Dolch, der schauerliche Dolch der Vision! Glocke – kaum ists geschehen und das Pochen an der Thür! – Die Entdeckung, Versammlung – man trabe alle Örter und Zeiten durch, wo das zu der Absicht, in der Schöpfung, anders als da und so geschehen könnte. Die Mordscene Bankos im Walde; das Nachtgastmal und Bankos Geist – nun wieder die Hexenhaide (denn seine erschreckliche Schicksalsthat ist zu Ende!) Nun Zauberhöle, Beschwörung, Prophezeiung, Wuth und Verzweiflung! Der Tod der Kinder Macdufs unter den Flügeln ihrer einsamen Mutter! und jene zween Vertriebne unter dem Baum, und nun die grauerliche Nachtwanderin im Schloße und die wunderbare Erfüllung

der Prophezeiung – der heranziehende Wald – Macbeths Tod durch das Schwert eines Ungebohrnen – ich müßte alle, alle Scenen ausschreiben, um das idealisirte Lokal des unnennbaren Ganzen, der Schicksals-, Königsmords- und Zauberwelt zu nennen, die als Seele das Stück, bis auf den kleinsten Umstand von Zeit, Ort, selbst scheinbarer Zwischenverwirrung, belebt, Alles in der Seele zu Einem schauderhaften, unzertrennlichen Ganzen zu machen – und doch würde ich mit Allem nichts sagen.

Dies Individuelle jedes Stücks, jedes einzelnen Weltalls, geht mit Ort und Zeit und Schöpfung durch alle Stücke. Leßing hat einige Umstände Hamlets in Vergleichung der Theaterkönigin Semiramis entwickelt – wie voll ist das ganze Drama dieses Lokalgeistes von Anfang zu Ende. Schloßplatz und bittre Kälte, ablösende Wache und Nachterzählungen, Unglaube und Glaube – der Stern – und nun erscheints! – Kann Jemand seyn, der nicht in jedem Wort und Umstande Bereitung und Natur ahnde! So weiter. Alles Kostume der Geister erschöpft! der Menschen zur Erscheinung erschöpft! Hahnkräh und Pauckenschall, stummer Wink und der nahe Hügel, Wort und Unwort – welches Lokal! welches tiefe Eingraben der Wahrheit! Und wie der erschreckte König kniet, und Hamlet vorbeiirrt in seiner Mutter Kammer vor dem Bilde seines Vaters! und nun die andre Erscheinung! Er am Grabe seiner Ophelia! der rührende good Fellow in allen den Verbindungen mit Horaz, Ophelia, Laertes, Fortinbras! das Jugendspiel der Handlung, was durchs Stück fortläuft und fast bis zu Ende keine Handlung wird – wer da Einen Augenblick Bretterngerüste fühlt und sucht, und Eine Reihe gebundner artiger Gespräche auf ihm sucht, für den hat Shakespear und Sophokles, kein wahrer Dichter der Welt gedichtet.

Hätte ich doch Worte dazu, um die einzelne Hauptempfindung, die also jedes Stück beherrscht, und wie eine Weltseele durchströmt, zu bemerken. Wie es doch in Othello würklich mit zu dem Stücke gehört, so selbst das Nachtsuchen wie die fabelhafte Wunderliebe, die Seefahrt, der Seesturm, wie die brausende Leidenschaft Othellos, die so sehr verspottete Todesart, das Entkleiden unter dem Sterbeliedchen und dem Windessausen, wie die Art der Sünde und Leidenschaft selbst – sein Eintritt, Rede ans Nachtlicht u. s. w. wäre es möglich, doch das in Worte zu faßen, wie das Alles zu Einer Welt der Trauerbegebenheit lebendig und innig gehöre – aber es ist nicht möglich. Kein elendes Farbengemälde läßt sich durch Worte beschreiben oder herstellen, und wie die Empfindung Einer lebendigen Welt in allen Scenen, Umständen und Zaubereien der Natur? Gehe, mein Leser, was du willt, Lear und die Richards, Cäsar und die Heinrichs, selbst Zauberstücke und Divertissements, insonderheit Romeo, das süsse Stück der Liebe, auch Roman in jedem Zeitumstande, und Ort und Traum und Dichtung – gehe es durch, versuche Etwas der Art wegzunehmen, zu tauschen, es gar auf ein Französisches Bretterngerüste zu simplificiren – eine lebendige Welt mit allem Urkundlichen ihrer Wahrheit in dies Gerüste verwandelt – schöner Tausch! schöne Wandlung! Nimm dieser Pflanze ihren Boden, Saft und Kraft, und pflanze sie in die Luft: nimm diesem Menschen Ort, Zeit, individuelle Bestandheit – du hast ihm Othem und Seele genommen, und ist ein Bild vom Geschöpf.

Eben da ist also Shakespear Sophokles Bruder, wo er ihm dem Anschein nach so unähnlich ist, um im Innern, ganz wie Er, zu seyn. Da alle Täuschung durch dies Urkundliche, Wahre, Schöpferische der Geschichte erreicht wird, und ohne sie nicht blos nicht erreicht würde, sondern kein Element mehr (oder ich hätte umsonst geschrieben) von Shakespears Drama und Dramatischem Geist bliebe: so sieht man, die ganze Welt ist zu diesem grossen Geiste allein Körper: alle Auftritte der Natur an diesem Körper Glieder, wie alle Charaktere und Denkarten zu diesem Geiste Züge – und das Ganze mag jener Riesengott des Spinosa »Pan! Universum!« heissen. Sophokles blieb der Natur treu, da er Eine Handlung Eines Orts und Einer Zeit bearbeitete: Shakespear konnt ihr allein treu bleiben, wenn er seine Weltbegebenheit und Menschenschicksal durch alle die Örter und Zeiten wälzte, wo sie – nun, wo sie geschehen: und Gnade Gott dem kurzweiligen Franzosen, der in Shakespears fünften Aufzug käme, um da die Rührung in der Quintessenz herunter zu schlucken. Bei manchen Französischen Stücken mag dies wohl angehen, weil da Alles nur fürs Theater versificirt und in Scenen Schaugetragen wird; aber hier geht er eben ganz leer aus. Da ist Weltbegebenheit schon vorbei: er sieht nur die letzte, schlechteste Folge, Menschen, wie Fliegen fallen: er geht hin und höhnt: Shakespear ist ihm Ärgerniß und sein Drama die dummeste Thorheit.

Überhaupt wäre der ganze Knäuel von Ort- und Zeitquästionen längst aus seinem Gewirre gekommen, wenn ein Philosophischer Kopf über das Drama sich die Mühe hätte nehmen wollen, auch hier zu fragen: »was denn Ort und Zeit sey?« Solls das Bretterngerüste, und der Zeitraum eines Divertissements au theatre seyn: so hat niemand in der Welt Einheit des Orts, Maaß der Zeit und der Scenen, als – die Franzosen. Die Griechen – bei ihrer hohen Täuschung, von der wir fast keinen Begriff haben – bei ihren Anstalten für das Öffentliche der Bühne, bei ihrer rechten Tempelandacht vor derselben, haben an nichts weniger als das je gedacht. Wie muß die Täuschung eines Menschen seyn, der hinter jedem Auftritt nach seiner Uhr sehen will, ob auch So Was in So viel Zeit habe geschehen können? und dem es sodann Hauptelement der Herzensfreude würde, daß der Dichter ihn doch ja um keinen Augenblick betrogen, sondern auf dem Gerüste nur eben so viel gezeigt hat, als er in der Zeit im Schneckengange seines Lebens sehen würde – welch ein Geschöpf, dem das Hauptfreude wäre! und welch ein Dichter, der darauf als Hauptzweck arbeitete, und sich denn mit dem Regelnkram brüstete: »wie artig habe ich nicht so viel und so viel schöne Spielwerke auf den engen gegebnen Raum dieser Bettergrube, theatre François genannt, und in den gegebnen Zeitraum der Visite dahin eingeklemmt und eingepaßt! die Scenen filirt und enfilirt! alles genau geflickt und geheftet« – elender

Ceremonienmeister! Savoyarde des Theaters, nicht Schöpfer! Dichter! Dramatischer Gott! Als solchem schlägt dir keine Uhr auf Thurm und Tempel, sondern du hast Raum und Zeitmaasse zu schaffen, und wenn du eine Welt hervorbringen kannst, und die nicht anders, als in Raum und Zeit exsistiret, siehe, so ist da im Innern dein Maaß von Frist und Raum; dahin du alle Zuschauer zaubern, daß du Allen aufdringen mußt, oder du bist – was ich gesagt habe, nur nichts weniger, als Dramatischer Dichter.

Sollte es denn jemand in der Welt brauchen demonstrirt zu werden, daß Raum und Zeit eigentlich an sich nichts, daß sie die relativeste Sache auf Daseyn, Handlung, Leidenschaft, Gedankenfolge und Maaß der Aufmerksamkeit in oder ausserhalb der Seele sind? Hast du denn, gutherziger Uhrsteller des Drama, nie Zeiten in deinem Leben gehabt, wo dir Stunden zu Augenblicken und Tage zu Stunden; Gegentheils aber auch Stunden zu Tagen, und Nachtwachen zu Jahren geworden sind? Hast du keine Situationen in deinem Leben gehabt, wo deine Seele Einmal ganz ausser dir wohnte, hier in diesem Romantischen Zimmer deiner Geliebten, dort auf jener starren Leiche, hier in diesem Drückenden äusserer, beschämender Noth – jetzt wieder über Welt und Zeit hinausflog, Räume und Weltgegenden überspringet, alles um sich vergaß, und im Himmel, in der Seele, im Herzen dessen bist, dessen Exsistenz du nun empfindest? Und wenn das in deinem trägen, schläfrigen Wurm- und Baumleben möglich ist, wo dich ja Wurzeln gnug am todten Boden deiner Stelle festhalten, und jeder Kreis, den du schleppest, dir langsames Moment gnug ist, deinen Wurmgang auszumessen – nun denke dich Einen Augenblick in eine andre, eine Dichterwelt, nur in einen Traum? Hast du nie gefühlt, wie im Traum dir Ort und Zeit schwinden? was das also für unwesentliche Dinge, für Schatten gegen das, was Handlung, Würkung der Seele ist, seyn müßen? wie es blos an dieser Seele liege, sich Raum, Welt und Zeitmaaß zu schaffen, wie und wo sie will? Und hättest du das nur Einmal in deinem Leben gefühlt, wärest nach Einer Viertheilstunde erwacht, und der dunkle Rest deiner Traumhandlungen hätte dich schwören gemacht, du habest Nächte hinweg geschlafen, geträumt und gehandelt! – dürfte dir Mahomeds Traum, als Traum, noch Einen Augenblick ungereimt seyn! und wäre es nicht eben jedes Genies, jedes Dichters, und des Dramatischen Dichters insonderheit Erste und Einzige Pflicht, dich in einen solchen Traum zu setzen? Und nun denke, welche Welten du verwirrest, wenn du dem Dichter deine Taschenuhr, oder dein Visitenzimmer vorzeigest, daß er dahin und darnach dich träumen lehre? Im Gange seiner Begebenheit, im ordine successivorum und simultaneorum seiner Welt, da liegt sein Raum und Zeit. Wie, und wo er dich hinreisse? wenn er dich nur dahin reißt, da ist seine Welt. Wie schnell und langsam er die Zeiten folgen laße; er läßt sie folgen; er drückt dir diese Folge ein: das ist sein Zeitmaaß – und wie ist hier wieder Shakespear Meister! Langsam und schwerfällig fangen seine Begebenheiten an, in seiner Natur wie in der Natur: denn er gibt diese nur im verjüngten Maasse. Wie Mühevoll, ehe die Triebfedern in Gang kommen! je mehr aber, wie laufen die Scenen! wie kürzer die Reden und geflügelter die Seelen, die Leidenschaft, die Handlung! und wie mächtig sodenn dieses Laufen, das Hinstreuen gewisser Worte, da niemand mehr Zeit hat. Endlich zuletzt, wenn er den Leser ganz getäuscht und im Abgrunde seiner Welt und Leidenschaft verlohren sieht, wie wird er kühn, was läßt er auf einander folgen! Lear stirbt nach Cordelia, und Kent nach Lear! es ist gleichsam Ende seiner Welt, jüngster Tag da, da Alles auf einander rollet und hinstürzt, der Himmel eingewickelt und die Berge fallen; das Maaß der Zeit ist hinweg. – Freilich wieder nicht für den lustigen, muntren Kaklogallinier, der mit heiler frischer Haut in den fünften Akt käme, um an der Uhr zu messen, wie viel da in welcher Zeit sterben? Aber Gott, wenn das Kritik, Theater, Illusion seyn soll – was wäre denn Kritik? Illusion? Theater? was bedeuteten alle die leeren Wörter.

Nun finge eben das Herz meiner Untersuchung an, »wie? auf welche Kunst und Schöpferweise Shakespear eine elende Romanze, Novelle, und Fabelhistorie zu solch einem lebendigen Ganzen habe dichten können? Was für Gesetze unsrer Historischen, Philosophischen, Dramatischen Kunst in Jedem seiner Schritte und Kunstgriffe liege?« Welche Untersuchung! wie viel für unsern Geschichtbau, Philosophie der Menschenseelen und Drama. – Aber ich bin kein Mitglied aller unsrer Historischen, Philosophischen und schönkünstlichen Akademien, in denen man freilich an jedes Andre eher, als an so etwas denkt! Selbst Shakespears Landsleute denken nicht daran. Was haben ihm oft seine Kommentatoren für Historische Fehler gezeihet! der fette Warburton z. E. welche Historische Schönheiten Schuld gegeben! und noch der letzte Verfaßer des Versuchs über ihn hat er wohl die Lieblingsidee, die ich bei ihm suchte: »wie hat Shakespear aus Romanzen und Novellen Drama gedichtet?« erreicht? Sie ist ihm wie dem Aristoteles dieses Brittischen Sophokles, dem Lord Home kaum eingefallen.

Also nur Einen Wink in die gewöhnlichen Claßificationen in seinen Stücken. Noch neuerlich hat ein Schriftsteller, der gewiß seinen Shakespear ganz gefühlt hat, den Einfall gehabt, jenen ehrlichen Fishmonger von Hofmann, mit grauem Bart und Runzelgesicht, triefenden Augen und seinem plentiful lack of wit together with weak Hams, das Kind Polonius zum Aristoteles des Dichters zu machen, und die Reihe von Als und Cals, die er in seinem Geschwätz wegsprudelt, zur ernsten Claßification aller Stücke vorzuschlagen. Ich zweifle. Shakespear hat freilich die Tücke, leere locos communes, Moralen und Claßificationen, die auf hundert Fälle angewandt, auf alle und keinen recht passen, am liebsten Kindern und Narren in den Mund zu legen; und eines neuen Stobaei und Florilegii, oder Cornu copiae von Shakespears Weisheit, wie die Engländer theils schon haben und wir Deutsche Gottlob! neulich auch hätten haben sollen –

deren würde sich solch ein Polonius, und Launcelot, Arlequin und Narr, blöder Richard, oder aufgeblasner Ritterkönig am meisten zu erfreuen haben, weil jeder ganze, gesunde Mensch bei ihm nie mehr zu sprechen hat, als er aus Mund in Hand braucht, aber doch zweifle ich hier noch: Polonius soll hier wahrscheinlich nur das alte Kind seyn, das Wolken für Kameele und Kameele für Baßgeigen ansieht, in seiner Jugend auch einmal den Julius Cäsar gespielt hat, und war ein guter Akteur, und ward von Brutus umgebracht, und wohl weiß

why Day is Day, Night Night
and Time is Time

also auch hier einen Kreisel theatralischer Worte drehet – wer wollte aber darauf bauen? oder was hätte man denn nun mit der Eintheilung? Tragedy, Comedy, History, Pastoral, Tragical-Historical, und Historical-Pastoral, und Pastoral-Comical und Comical-Historical-Pastoral, und wenn wir die Cals noch hundertmal mischen, was hätten wir endlich? Kein Stück wäre doch Griechische Tragedy, Comedy und Pastoral, und sollte es nicht seyn. Jedes Stück ist History im weitsten Verstande, die sich nun freilich bald in Tragedy, Comedy, u. s. w. mehr oder weniger nuancirt – die Farben aber schweben da so ins Unendliche hin, und am Ende bleibt doch jedes Stück und muß bleiben, – was es ist: Historie! Helden- und Staatsaktion zur Illusion mittlerer Zeiten! oder (wenige eigentliche Plays und Divertissements ausgenommen) ein völliges Grösse habendes Eräugniß einer Weltbegebenheit, eines Menschlichen Schicksals.

Trauriger und wichtiger wird der Gedanke, daß auch dieser grosse Schöpfer von Geschichte und Weltseele immer mehr veralte! daß da Worte und Sitten und Gattungen der Zeitalter, wie ein Herbst von Blättern welken und absinken, wir schon jetzt aus diesen grossen Trümmern der Ritternatur so weit heraus sind, daß selbst Garrik, der Wiedererwecker und

Schutzengel auf seinem Grabe, so viel ändern, auslaßen, verstümmeln muß, und bald vielleicht, da sich alles so sehr verwischt und anders wohin neiget, auch sein Drama der lebendigen Vorstellung ganz unfähig werden, und eine Trümmer von Kolossus, von Pyramide seyn wird, die Jeder anstaunet und keiner begreift. Glücklich, daß ich noch im Ablaufe der Zeit lebte, wo ich ihn begreifen konnte, und wo du, mein Freund, der du dich bei diesem Lesen erkennest und fühlst, und den ich vor seinem heiligen Bilde mehr als Einmal umarmet, wo du noch den süssen und deiner würdigen Traum haben kannst, sein Denkmal aus unsern Ritterzeiten in unsrer Sprache, unserm so weit abgearteten Vaterlande herzustellen. Ich beneide dir den Traum, und dein edles Deutsches Würken laß nicht nach, bis der Kranz dort oben hange. Und solltest du als denn auch später sehen, wie unter deinem Gebäude der Boden wankt, und der Pöbel umher still steht und gafft, oder höhnt, und die daurende Pyramide nicht alten Ägyptischen Geist wieder aufzuwecken vermag – dein Werk wird bleiben, und ein treuer Nachkomme dein Grab suchen, und mit andächtiger Hand dir schreiben, was das Leben fast aller Würdigen der Welt gewesen:

Voluit! quiescit!

Herder, Goethe, Frisi, Möser: Von deutscher Art und Kunst. Einige fliegende Blätter. Hrsg. von Hans Dietrich Irmscher. Stuttgart: Reclam, 1968 [u. ö.]. (Universal-Bibliothek. 7497[3].) S. 76–91.

8.

Christoph Martin Wielands Besprechung *Über das Schauspiel, Götz von Berlichingen, mit der eisernen Hand* (erschienen im *Teutschen Merkur*, Juni 1774) nötigte Goethe, im *Urfaust* die Anklänge an das 16. und an das 18. Jahrhundert in eine besser durchdachte Beziehung zueinander zu setzen.

Über das Schauspiel, Götz von Berlichingen, mit der eisernen Hand

Ich habe versprochen, das bekannte Schauspiel, Götz von Berlichingen mit der eisernen Hand, gegen einige Vorwürfe, die ihm von dem Recensenten desselben – übrigens einem Mann von Geschmack und philosophischem Geiste, und einem großen Bewunderer des schönen Ungeheuers, wie er es nennt – im IIIten Bande des Teutsch. Merkurs gemacht worden sind, zu rechtfertigen. Und dies ists, was ich izt tun will, wiewohl ich leicht voraussehe, daß manche wunderliche Leute Ärgernis daran nehmen, und mir übel ausdeuten werden, daß ich Gerechtigkeit gegen einen Menschen ausübe, der es, wie sie sich einbilden, nicht um mich verdient hat. Gerechtigkeit braucht niemand von uns zu verdienen, dächte ich, wir sind sie einem jeden schuldig, dem Teufel selbst, wie das Brokardicum sagt. Ein Autor ist darum nicht gleich ein Duns, weil er unbillig oder unartig gegen uns ist; und warum sollte ein böser Mensch (gesetzt auch, daß einer, der uns nicht liebt, darum gleich ein böser Mensch sein müßte) nicht eben sowohl ein gutes Werk schreiben können, als er, wenn er ein Maler wäre, ein gutes Gemälde machen könnte, ohne um einen Gran weniger ein böser Mensch zu sein?

Aber, sagt man, es kommt doch so heraus, als ob ihr einen Autor, der euch übel mitgespielt hat, bestechen wolltet, wenn ihr ihn lobt. – Ich muß gestehen, daß mir nie in den Sinn gekommen ist, daß man so etwas vermuten könne. Mein ganzes Betragen, seitdem ich mich als Schriftsteller in die Welt gewagt habe, sollte, dächt' ich, mich gegen einen solchen Argwohn schützen – Und wozu hätte ich nötig, mir durch niederträchtige Mittel Freunde machen zu wollen? Oder, wie sollte ein Mann, der nicht ohne alle Kenntnis der Welt und des menschlichen Herzens ist, sich nur einfallen lassen können, daß jedermann das Beste von ihm denken; daß niemand schief, oder hämisch, oder übereilt, oder parteiisch von ihm urteilen werde? Freilich wäre zu wünschen, daß die Schriftsteller einander wenigstens mit Anständigkeit behandeln, ihre Talente nicht zu Befriedigung kleiner schlechter Leidenschaften mißbrauchen, und den Stand der Gelehrten nicht durch ihre eigne Bemühungen in den Augen der Weltleute verächtlich machen möchten. Aber wie viele Dinge wären nicht zu wünschen? Wenn Wünsche Pferde wären, wer würde zu Fuß gehen, – sagt ein englisches Sprüchwort.

Ferne sei es also von mir, daß ich den Verfasser des Götz von Berlichingen – der eine eigene Freude daran haben soll, Personal-Satyren auf den Ersten den Besten, der ihm in den Wurf kömmt, zu machen – durch diese kleine Apologie bestechen wollte, meiner zu schonen, wenn es ihm einmal wieder einfallen sollte, in einem Anstoß von Laune sich lustig mit mir zu machen! Ich gönne einem jeden seine Freude, und wiewohl der Mutwille an einem Knaben eine Unart ist, so wünschte ich mir doch keinen Jungen, der nie in dem Falle wäre, die Rute zu verdienen. Junge mutige Genien sind wie junge mutige Füllen; das strotzt von Leben und Kraft, tummelt sich wie unsinnig herum, schnaubt und wiehert, wälzt sich und bäumt sich, schnappt und beißt, springt an den Leuten hinauf, schlägt vorn und hinten aus, und will sich weder fangen noch reiten lassen. Desto besser! denn wenn es, ut iniquae mentis asellus, die Ohren sinken ließe, und die Lenden schleppte, würde jemals ein Bucephalus oder Brigliador daraus werden können? Praecipitandus est liber spiritus – Da ist kein ander Mittel! Man muß die Herren ein wenig toben lassen; und wer etwan von ungefähr – denn sie meinen es selten so übel – von ihnen gebissen oder mit dem Huf in die Rippen geschlagen wird, betrachte sich als ein Opfer für das gemeine Beste der gelehrten Republik, und tröste sich damit, daß aus diesen nämlichen wilden Jünglingen, so fern sie glücklich genug sein sollten in Zeiten auszutoben, noch große Männer werden können; wiewohl dies freilich dem einen und andern schon mißlungen ist, und auch fernerhin zuweilen mißlingen dürfte.

Wer wohl die jungen Autoren, Kunstrichterchen, und gelehrte Polischinellen sein mögen, denen man durch diese

kleine Apologie einige Nachsicht bei dem Publikum gewinnen möchte? – Nur ein wenig Geduld! sie werden sich bald selbst verraten. Sie werden so laut wiehern, und so ungebärdig ausschlagen, daß es unmöglich sein wird, sie zu übersehen. Dies gehört mit zur Natur eines solchen gelehrten Hinnulus. Aber es hat nichts zu bedeuten. Mit der Zeit wird sichs schon geben. Man versichert mich, die Männerchen hätten entsetzlich viel Genie, sehr viel Wissenschaft, und das beste Herz von der Welt. – Genie, Wissenschaft, gutes Herz! dies ist just als ob jemand Feuer im Busen trüge, das kann nicht lange verborgen bleiben! Und so wie ich mich kenne, bin ich gewiß, daß wir am Ende noch sehr gute Freunde werden müssen. Aber zu unserm Götz von Berlichingen!
Immerhin sei dies Schauspiel – das man nicht aufführen kann – bis uns irgend eine wohltätige Fee ein eigen Theater und eigene Schauspieler dazu herzaubert – immerhin sei es *ein schönes Ungeheuer*. Möchten wir viele solche Ungeheuer haben! Der Fortschritt zu wahren Meisterstücken würde dann sehr leicht sein. Wer hat es gelesen, ohne zu fühlen, (wenn er auch nicht sagen konnte, wie und warum) daß ihn nicht leicht eine andre Lecture (immer nehme ich Emilia Galotti aus) mit solcher Gewalt ergriffen, so stark interessiert, so mächtig erschüttert, so durchaus vom ersten Zug bis zum letzten in die Begeisterung des Dichters hineingezogen, und ans ununterbrochne Anschaun der lebendigen Gemälde, die er, ut Magus, vor unsern Augen vorbeiführt, angeheftet habe? – Welche Wunder sollte der Genie, der dies getan hat, nicht auf unserer Schaubühne würken können, wenn es ihm einfiele, Schauspiele zu schreiben, die man aufführen könnte?
Es ist augenscheinlich, daß er in dem Augenblick, da er den Entschluß faßte, aus Götzens von ihm selbst beschriebener Geschichte, ein Schauspiel zu machen, sich vorsetzte, alle Regeln des Aristoteles, als Fesseln, mit denen sein noch ungebändigter Genie sich nicht schleppen wollte, von sich zu werfen. Es kann also zu nichts helfen, ihm die Übertretung dieser Regeln zum Vorwurf zu machen, oder ihm zu zeigen, was für

Nachteile aus dieser Empörung gegen jenen alten Gesetzgeber der Dichter entstehen mußten. Unfehlbar wußte der Verfasser dies alles so gut als wir; aber er wollte nun einmal allen dreien Einheiten auf den Kopf treten, und er glaubte so viel dadurch zu gewinnen, oder gewann vielmehr würklich so viel dadurch, daß er sich das, was er dabei verlor, nichts anfechten ließ. Vermutlich wird die Zeit wohl kommen, da er, durch tiefere Betrachtungen über die Natur der menschlichen Seele, auf die Überzeugung geleitet werden wird, daß Aristoteles am Ende doch recht habe, daß seine Regeln sich vielmehr auf Gesetze der Natur, als auf Willkür, Convenienz und Beispiele gründen, und, mit einem Worte, daß sich ein sehr triftiger Grund angeben läßt, warum ein Schauspiel – kein Guckkasten sein soll.

Die beste Antwort auf alles was man ihm wegen Nichtbeobachtung der Einheiten vorgeworfen hat, ist, daß er bloß ein Drama zum Lesen schreiben wollte. Ihn zu beschuldigen, daß er sich würklich eingebildet habe, sein Drama könnte und sollte auf unsern Schaubühnen aufgeführt werden, würde eben so viel sein, als ihm, der so viel Genie zeigt, den allgemeinen Menschenverstand abzusprechen.

Aber, werden nicht Shakespears regelloseste Stücke noch immer in London aufgeführt? – Ich könnte hierauf antworten, daß Garrik selbst, der größte Verehrer den Shakespear vielleicht jemals gehabt hat, gleichwohl für gut befunden, einigen der vorzüglichsten Stücke seines Lieblings eine weniger wilde Gestalt zu geben. Aber es bedarf dieser Antwort nicht. Die Engländer haben alle mögliche Ursache, auf ihren Shakespear stolz zu sein, und seine besten Stücke, mit allen ihren Fehlern, Absurditäten und Barbarismen, den regelmäßigsten Stücken der Franzosen und ihrer eignen neuen Dichter vorzuziehen. Indessen gestehen alle Kenner und Leute von Geschmack in England, daß ein Shakespear, der in unsern Tagen, mit gleichen Talenten, regelmäßige Stücke schriebe, wohl daran tun würde; und daß alle Vorteile, welche man durch Verletzung solcher Kunstgesetze, die sich auf die Natur selbst gründen, erhält, nicht verhindern können,

daß Fehler nicht Fehler, und Ungereimtheiten nicht Ungereimtheiten sein sollten.
Sobald ich ein Drama für die Schaubühne schreibe, wird alles was die Illusion hindert, zum Fehler. Schreib' ichs bloß für Leser, so ist die Rede nicht von Illusion; dann ist dem Poeten, eben sowohl als dem Geschichtschreiber, erlaubt, seine Leser von einer Handlung zu einer andern gleichzeitigen, oder von einem Orte zum andern fortzuführen, und, mit gleicher Leichtigkeit Monate und Jahre, oder Gebürge und Meere zu überspringen. Dann ist es bloß darum zu tun, die Leser durch die Wahrheit und Kraft seiner Gemälde zu begeistern, und dann hängt es bloß von ihm ab, wie viel solcher Gemälde er neben einander, oder in Einer zusammengeordneten Folge vor unsern Augen vorbeiführen, und welche davon er völlig ausmalen, welche bloß skizzieren, welche nur gleichsam mit Einem einzigen Zug, wie einen Gedanken, aufs Papier werfen will. Vergebens sagt man einem solchen Dichter: »Der Reichtum eurer Materien und eure erzwungne Kürze ist euch hinderlich gewesen, hat euch genötiget Handlungen nur leicht zu berühren, die ihr zu den interessantesten Scenen hättet ausmalen können.« Dies wollt' ich aber nicht, antwortet der Dichter; und daran müssen wir uns denn wohl ersättigen.
Aber was der Dichter antworten wollte, wenn man ihn fragte: Warum er sein Drama gerade in fünf Acte geteilt habe? – Wenigstens nicht dem Aristoteles zu gefallen. Er hätte, nach seiner Weise, vier, sechs, sieben, und, wenn es ihm beliebt hätte, siebenmal sieben Acte machen können. Die Chinesischen Schauspieler führen Tragikomödien auf, die oft acht Tage währen, sagt man uns. Warum sollten wir an einem Drama, das nicht zum aufführen bestimmt ist, nicht acht Tage lesen können? Wollte Gott, Götzens Verfasser gäb' uns ein ganzes Jahrhundert in einer Tragikomischen Farce, die im Geiste seines Götzens geschrieben wäre: Möchte sie doch dreihundert und fünf und sechzig Acte haben!
Die Recension sagt: »Der Leser findet höchstunwahrscheinlich, daß ein Mann wie Weislingen, der ihm nur als ein Hofmann, nicht als ein durchaus verdorbner Bösewicht gezeigt

worden, daß ein solcher Mann so leicht Tugend, Rechtschaffenheit und sich selbst einer jählich entstehenden Leidenschaft aufopfert – gegen welche der Leser ihn durch die Freundschaft gegen Götzen und die Liebe gegen Maria genug gesichert glaubt.« Wenn der Leser dies glaubt, so hat er den Höfling, Weislingen, nicht recht ins Auge gefaßt, oder kennt die Menschen nicht genug. Weislingens Character scheint mir eins von den großen Meisterstücken unsers Dichters zu sein. Gerade so wie ich ihn gleich in den ersten Scenen wo er auftritt kennen lerne, ist er der Mann, dem ich alles zutraue, was er im ganzen Stücke tut. Kein durchausverdorbner Bösewicht; nichts weniger; nur ein weicher, wollüstiger, schwacher Mensch; eine Seele ohne Nerven; gut bei den Guten, aus Neigung; verkehrt bei den Verkehrten, aus Schwäche; gefühlvoll wie alle Wollüstlinge, aber unfähig Widerstand zu tun, wenn ihn ein Fürst, der ihn anlächelt, oder eine schöne, glattzüngige Schlange wie Adelheid, zum Bösen versucht. Das übrige, was ihn auszeichnet, ist bloß Verfeinerung dieser Naturanlage – Weltkenntnis, Hofsprache, Geschmeidigkeit; und alles zusammen macht eines von diesen gewöhnlichen Mitteldingen aus, die alles sind, wozu man sie macht; selten Böses tun, als andern zu gefallen; gerne edel und bieder wären, wenn die Tugend nur keine Opfer verlangte; in einem Anstoß von Weichherzigkeit die besten Vorsätze fassen, und etliche Wochen später, in der Trunkenheit einer betörenden Leidenschaft sich zu Werkzeugen der ärgsten Bubenstücke machen lassen. – Dies ist Weislingen; und o! wie wimmelts in der Welt von solchen Zwittern! daß ein solcher Mann, auf Götzens Schlosse, in Götzens, Elisabeths und Mariens Gesellschaft, die besten Hoffnungen von sich gibt, zumal da sich die Tugend dem weichlichen Menschen in Gestalt der jungen, vollblühenden Marie zeigt, wundert mich eben so wenig, als daß er zu Bamberg bei lockenden Zureden eines Fürsten, dessen Günstling er war, sich seine gute Vorsätze wieder gereuen läßt, den verführerischen Reizen einer Adelheid unterliegt, und der Hoffnung ihres Besitzes alles aufopfert. – Ich mag alle diese Scenen so oft wiederlesen als ich will,

mir fällt nicht ein, zu wünschen, daß der Dichter uns »rührende Auftritte vom innerlichen Kampfe der Liebe zu Adelheid mit Tugend und Ehre« in dem schalen Herzen dieses Höflings hätte geben sollen. Dann hätte Weislingen ein andrer Mann sein müssen! Bei diesem verlohnte sichs der Mühe nicht. Solche Kämpfe sind nur interessant, wenn sie in der Seele eines Mannes vorgehen, der würklich ein Mann von Ehre, und dessen Seele bisher unbefleckt gewesen ist.
Die Recension scheint in dem Vorwurfe, den sie unserm shakespearisierenden Dichter macht, daß er viele höchstinteressante Situationen, sonderlich in den letztern Acten, nicht benützt, hingegen in den ersten sehr entbehrliche, wiewohl an sich sehr interessante Scenen angebracht habe, – aus der Acht zu lassen, daß unser Dichter kein regelmäßiges Drama schreiben wollte, und daß er allem Ansehen nach, zu seinem Schauspiel eben so wenig einen nach Diderots Vorschrift verfaßten Plan, gemacht hat, als Ariost zu seinem Orlando einen Plan nach dem Muster Homers und den Regeln des Aristoteles. Bei seiner Weise gewann er, was er auf einer Seite verlor, auf der andern wieder, und hatte noch das Verdienst, neu und sonderbar zu sein, oben drein. Ein jeder urteilt in Sachen des Geschmacks nach dem seinigen. Die Recension hat vielleicht Recht; aber ich, meines Orts, gäbe weder den ehrlichen Bruder Martin – zumal da wir durch ihn Götzen gleich anfangs von seiner schönsten Seite kennen lernen, und diese Scene die in den beiden ersten angefangne Exposition, auf eine von dem gemeinen Zuschnitt der Expositionen so meisterlich abgehende Weise, fortsetzt – noch die Scene zwischen Maria, Carl und Elisabeth, durch die wir die beiden Damen auf einmal so gut kennen lernen, als ob wir sie gemacht hätten, – ich gäbe, sage ich, keine von diesen Scenen um die beste von denen, welche der Poet hätte machen können und sollen, wenn er gewollt, d. i. wenn er nach einem künstlich angelegten Theatralischen Plane gearbeitet hätte.
Die Recension meint: die Charaktere der Frauenzimmer wären dem Dichter weniger geglückt, als die männlichen; und auch hierin, glaube ich, hat sie unrecht. Nichts vom

Worte geglückt zu sagen, welches nirgends weniger als auf ein Stück paßt, wo Laune und Genie alles und das Glück gewiß nichts getan haben – so deucht mich, der größte Meister in weiblichen Charakter-Gemälden, Shakespear selbst, sei nirgends größer in dieser Art von Malerei als unser Dichter in seinen Gemälden von Maria, Elisabeth, und Adelheid. Der Verf. der Recens. sagt das Gegenteil in den stärksten Ausdrücken. »Elisabeth, Götzens Gemahlin, zeigt sich niemals als eine würdige Gemahlin dieses unglücklichen Helden. Der männliche Mut, den der Verf. zum Hauptzug ihres Charakters gemacht hat, ist in beleidigende, fast möchten wir sagen, dumme Unempfindlichkeit, ausgeartet, u. s. w.« Es ist wahr, Elisabeth ist keine Schwätzerin; erscheint durchaus als eine ehrliche wenig verfeinerte Hausfrau aus einer Zeit, wo die Frau eines Landedelmanns, gleich dem guten Weibe Salomons, vor Tag aufstund, ihr Haus besorgte, ihre Küche selbst bestellte, u. s. w. Aber so wie sie ist, welcher Mann sollte sich keine Frau wie Elisabeth wünschen? Mir hat in dem ganzen Stücke nur eine Stelle das Herz umgekehrt und Tränen der tiefsten Empfindung aus den Augen gepreßt – und diese ist, in der Scene zu Jaxthausen, wo Götz, da es nun mit ihm aufs äußerste gekommen ist, seine Schwester und seinen Freund Sickingen nötigt sich zu entfernen. Die ganze Scene ist ein Meisterstück von erhabner Einfalt, wahre, ungekünstelte, im höchsten Grade rührende Natur! – Maria und Sickingen haben sich nun endlich aus Götzens und Elisabeths Armen gerissen. Ich trieb sie, sagt Götz, und da sie geht, möcht' ich sie halten. Elisabeth du bleibst bei mir. »Bis in den Tod« antwortet Elisabeth. – Dies einzige Wort, in der Situation, in dem Augenblicke, wo es gesagt wird, ist unendlichmal mehr als alle die schönen Tiraden, die der beste französische Poet sie hätte herdeclamieren lassen. Es stellt ein Weib vor meine Seele, die des größten Helden würdig ist; ein Weib, die durch dies einzige *bis in den Tod*, so schön und groß als alle Alcesten, Pantheen, Porcien und Arrien der Fabel und der Geschichte in meinen Augen wird. Auch fühlt' es Götz, was ein solches Weib wert ist. Wen Gott lieb hat, sagt er, dem geb er so eine Frau! – Und Elisabeth sollte sich niemals als eine würdige Gemahlin unsers Helden zeigen? – Wahrlich, die Aristarche schlummern zuweilen auch so gut als die Homere!

Was unser Aristarch an Marien aussetzt, sagt weder mehr noch weniger, als – daß der Dichter keine phantasierte Helden, sondern ein sanftes weibliches Geschöpf schildern wollte, nicht nach einem Modell aus der Welt der Ideen, sondern nach der Natur, mit allen den liebenswürdigen Schwachheiten, wodurch sie dieses Geschlecht für das unsrige so interessant gemacht hat, und mit allen Nuancen der Sitten und der Religion des rohen Zeitalters, woraus er sein Süjet genommen hat.

Doch genug zur Apologie eines Werkes, das so stark für sich selbst spricht. Der Recensent hat ihm übrigens so viel Gerechtigkeit widerfahren lassen, und die Manchfaltigkeiten und Vortrefflichkeiten desselben so scharfsinnig bemerkt und bezeichnet, daß es unbillig wäre, ihm den wenigen, ziemlich bescheidnen Tadel übel aufzunehmen. Bescheidenheit im urteilen über Werke des Genies ist in unsern Tagen schon eine Art von Verdienst; Behutsamkeit im Tadeln würde für jene kunstrichterliche Tugend eine sehr nützliche Gesellschafterin sein. Wie oft scheint uns bei der ersten Lesung tadelhaft, was wir bei der zweiten oder dritten vortrefflich finden.

Die Shakespearische Manier, in welcher der Dichter gearbeitet hat, bracht es mit sich, auch Personen von den niedrigsten Classen aufzuführen, und diese mußten nun wohl freilich ihre eigene Sprache reden. *Tausend schwere Not, schert euch naus – Peter das ist ein gefunden Fressen*, und dergleichen elegantiae der teutschen Sprache haben also im Munde der Personen, welche der Dichter so sprechen läßt, nichts sehr anstößiges. Die *Scheißkerle* im Munde des Hrn. Hauptmanns der Reichs-Executions-Truppen möchten weniger zu rechtfertigen sein; aber noch weniger konnten die ausgeartete Teutschen des achtzehnten Jahrhunderts das Große und Heroische in dem Ausdruck Götzens fühlen: »sag deinem Hauptmann: vor Ihro Kaiserl. Majestät hab ich wie immer schuldigen Respect. Er aber, sags ihm, er kann mich im Arsch lecken.« Auch hat der Autor selbst, oder der Corrector wenigstens, in einer neuern Ausgabe für gut gefunden, die Stärke dieses altteutschen Compliments in etwas zu mildern, und sich begnügt nach den Worten *er kann mich* – das was der Hauptmann tun könnte, durch einen Gedankenstrich der Scharfsinnigkeit des Lesers anheimzustellen.

Ich spreche nicht gerne von den Fehlern eines vortrefflichen Werkes, zumal wo die Absicht zu bessern nicht statt finden kann; Aber, da doch so manches ohne hinlänglichen Grund an Herrn Göthens Götz getadelt worden: so wäre es ein wenig wunderlich, wenn man von dem, was vielleicht der größte und augenscheinlichste Fehler in seinem Stücke ist, gar nichts sagte – ich meine von der ziemlich häufigen Vermengung der Sprache aus den Zeiten Maximilians I mit der von Joseph II welche desto auffallender ist, da der Verfasser affectiert hat, Götzen selbst meistens eben so reden zu lassen, wie er in seiner von ihm selbst verfaßten Lebensgeschichte spricht. Ich verstehe unter Sprache hier nicht bloß Declination, Wortfügung und Redensarten, sondern auch Ausdrücke und Wendungen, welche eine gewisse Verfeinerung voraussetzen, wovon man zu Götzens Zeiten in Teutschland noch gar keinen Begriff hatte. Von dieser Art ist, z. E. *Meine Rechte, obgleich im Kriege unbrauchbar, ist gegen den Druck der Liebe nicht unempfindlich* – (S. 14 der neuen Ausgabe.)

Es wäre leicht eine Menge solcher Stellen auszuzeichnen, die mit der naiven, aber ungeschliffnen und von unsrer heutigen himmelweit abgehenden Sprache, welche Götz von Berlichingen selbst in seiner Lebensbeschreibung spricht, den seltsamsten Contrast macht. Es ist freilich, außer unserm Dichter, noch keinem in Europa eingefallen, daß ein dramatischer Autor, der seine Personen aus dem dreizehnten oder funfzehnten Jahrhundert nimmt, sie auch die Sprache dieser Zeiten reden lassen müsse. Aber wenn er nun ja seinem Stück eine besondere Energie dadurch zu geben glaubte, so hätte er wenigstens alle seine Personen, jeden nach seiner Art, (denn freilich sprachen auch damals die Bischöfe und die Hofleute feiner als Bauern, Zigeuner und der Wirt in der Herberge zu Schwarzenberg) sich durchgängig so ausdrücken lassen sollen, wie man unter Kaiser Maxen zu reden pflegte. – Doch, dem Manne, dessen Philosophie auf den Grundsatz das Böse sei gut, und das Gute, böse, das Schöne, häßlich, und das Häßliche, schön, – gebaut ist, muß es lächerlich vorkommen, wenn man so viel Worte verliert, um ein Werk zu verteidigen oder zu tadeln, worin alles gut ist und alles nichts taugt.

Christoph Martin Wieland: Werke. Hrsg. von Fritz Martini und Hans Werner Seiffert. Bd. 3. Bearb. von Fritz Martini und Reinhard Döhl. München: Hanser, 1967. S. 285–294.

9.

Goethes *Lied des physiognomischen Zeichners* (1774) soll dazu anregen, in die hinter V. 25 des *Urfaust* steckenden Probleme einzudringen.

Lied des physiognomischen Zeichners

O daß die innre Schöpfungskraft
Durch meinen Sinn erschölle,
Daß eine Bildung voller Saft
Aus meinen Fingern quölle!
Ich zittre nur, ich stottre nur,
Ich kann es doch nicht lassen,
Ich fühl', ich kenne dich, Natur,
Und so muß ich dich fassen.
Wenn ich bedenk', wie manches Jahr
Sich schon mein Sinn erschließet,
Wie er, wo dürre Heide war,
Jetzt Freudenquell genießet,
Da ahnd' ich ganz, Natur, nach dir,
Dich frei und lieb zu fühlen,
Ein lust'ger Springbrunn wirst du mir

Aus tausend Röhren spielen,
Wirst alle deine Kräfte mir
In meinem Sinn erheitern
Und dieses enge Dasein hier
Zur Ewigkeit erweitern.

Johann Wolfgang Goethe: Werke. Hamburger Ausgabe in 14 Bänden. Hrsg. von Erich Trunz. Bd. 1: Gedichte und Epen I. Textkritisch durchges. und komm. von Erich Trunz. München: C. H. Beck, [12]1981. S. 53.

10.

Am Ende des 8. Buches von *Aus meinem Leben. Dichtung und Wahrheit* ordnet GOETHE die selbst entwickelte Kosmogonie und Anthropologie, die für die Konzeption der Faust/Mephistopheles-Konfiguration sehr aufschlußreich ist, den Jahren um 1770 zu.

Einen großen Einfluß erfuhr ich dabei von einem wichtigen Buche, das mir in die Hände geriet, es war Arnolds »Kirchen- und Ketzergeschichte«. Dieser Mann ist nicht ein bloß reflektierender Historiker, sondern zugleich fromm und fühlend. Seine Gesinnungen stimmten sehr zu den meinigen, und was mich an seinem Werk besonders ergetzte, war, daß ich von manchen Ketzern, die man mir bisher als toll oder gottlos vorgestellt hatte, einen vorteilhaftern Begriff erhielt. Der Geist des Widerspruchs und die Lust zum Paradoxen steckt in uns allen. Ich studierte fleißig die verschiedenen Meinungen, und da ich oft genug hatte sagen hören, jeder Mensch habe am Ende doch seine eigene Religion, so kam mir nichts natürlicher vor, als daß ich mir auch meine eigene bilden könne, und dieses tat ich mit vieler Behaglichkeit. Der neue Platonismus lag zum Grunde; das Hermetische, Mystische, Kabbalistische gab auch seinen Beitrag her, und so erbaute ich mir eine Welt, die seltsam genug aussah.

Ich mochte mir wohl eine Gottheit vorstellen, die sich von Ewigkeit her selbst produziert; da sich aber Produktion nicht ohne Mannigfaltigkeit denken läßt, so mußte sie sich notwendig sogleich als ein Zweites erscheinen, welches wir unter dem Namen des Sohns anerkennen; diese beiden mußten nun den Akt des Hervorbringens fortsetzen, und erschienen sich selbst wieder im Dritten, welches nun ebenso bestehend lebendig und ewig als das Ganze war. Hiermit war jedoch der Kreis der Gottheit geschlossen, und es wäre ihnen selbst nicht möglich gewesen, abermals ein ihnen völlig Gleiches hervorzubringen. Da jedoch der Produktionstrieb immer fortging, so erschufen sie ein Viertes, das aber schon in sich einen Widerspruch hegte, indem es, wie sie, unbedingt und doch zugleich in ihnen enthalten und durch sie begrenzt sein sollte. Dieses war nun Luzifer, welchem von nun an die ganze Schöpfungskraft übertragen war, und von dem alles übrige Sein ausgehen sollte. Er bewies sogleich seine unendliche Tätigkeit, indem er die sämtlichen Engel erschuf, alle wieder nach seinem Gleichnis, unbedingt, aber in ihm enthalten und durch ihn begrenzt. Umgeben von einer solchen Glorie vergaß er seines höhern Ursprungs und glaubte ihn in sich selbst zu finden, und aus diesem ersten Undank entsprang alles, was uns nicht mit dem Sinne und den Absichten der Gottheit übereinzustimmen scheint. Je mehr er sich nun in sich selbst konzentrierte, je unwohler mußte es ihm werden, sowie allen den Geistern, denen er die süße Erhebung zu ihrem Ursprung verkümmerte. Und so ereignete sich das, was uns unter der Form des Abfalls der Engel bezeichnet wird. Ein Teil derselben konzentrierte sich mit Luzifer, der andere wendete sich wieder gegen seinen Ursprung. Aus dieser Konzentration der ganzen Schöpfung, denn sie war von Luzifer ausgegangen und mußte ihm folgen, entsprang nun alles das, was wir unter der Gestalt der Materie gewahr werden, was wir uns als schwer, fest und finster vorstellen, welches aber, indem es, wenn auch nicht unmittelbar, doch durch Filiation vom göttlichen Wesen herstammt, ebenso unbedingt mächtig und ewig ist als der Vater und die Großeltern. Da nun das ganze

Unheil, wenn wir es so nennen dürfen, bloß durch die einseitige Richtung Luzifers entstand; so fehlte freilich dieser Schöpfung die bessere Hälfte: denn alles, was durch Konzentration gewonnen wird, besaß sie, aber es fehlte ihr alles, was durch Expansion allein bewirkt werden kann; und so hätte die sämtliche Schöpfung durch immerwährende Konzentration sich selbst aufreiben, sich mit ihrem Vater Luzifer vernichten und alle ihre Ansprüche an eine gleiche Ewigkeit mit der Gottheit verlieren können. Diesem Zustand sahen die Elohim eine Weile zu, und sie hatten die Wahl, jene Äonen abzuwarten, in welchen das Feld wieder rein geworden und ihnen Raum zu einer neuen Schöpfung geblieben wäre, oder ob sie in das Gegenwärtige eingreifen und dem Mangel nach ihrer Unendlichkeit zu Hülfe kommen wollten. Sie erwählten nun das letztere, und supplierten durch ihren bloßen Willen in einem Augenblick den ganzen Mangel, den der Erfolg von Luzifers Beginnen an sich trug. Sie gaben dem unendlichen Sein die Fähigkeit, sich auszudehnen, sich gegen sie zu bewegen; der eigentliche Puls des Lebens war wieder hergestellt, und Luzifer selbst konnte sich dieser Einwirkung nicht entziehen. Dieses ist die Epoche, wo dasjenige hervortrat, was wir als Licht kennen, und wo dasjenige begann, was wir mit dem Worte Schöpfung zu bezeichnen pflegen. So sehr sich auch nun diese durch die immer fortwirkende Lebenskraft der Elohim stufenweise vermannigfaltigte; so fehlte es doch noch an einem Wesen, welches die ursprüngliche Verbindung mit der Gottheit wieder herzustellen geschickt wäre, und so wurde der Mensch hervorgebracht, der in allem der Gottheit ähnlich, ja gleich sein sollte, sich aber freilich dadurch abermals in dem Falle Luzifers befand, zugleich unbedingt und beschränkt zu sein, und da dieser Widerspruch durch alle Kategorien des Daseins sich an ihm manifestieren und ein vollkommenes Bewußtsein sowie ein entschiedener Wille seine Zustände begleiten sollte; so war vorauszusehen, daß er zugleich das Vollkommenste und Unvollkommenste, das glücklichste und unglücklichste Geschöpf werden müsse. Es währte nicht lange, so spielte er auch völlig die Rolle des

Luzifer. Die Absonderung vom Wohltäter ist der eigentliche Undank, und so ward jener Abfall zum zweitenmal eminent, obgleich die ganze Schöpfung nichts ist und nichts war, als ein Abfallen und Zurückkehren zum Ursprünglichen.
Man sieht leicht, wie hier die Erlösung nicht allein von Ewigkeit her beschlossen, sondern als ewig notwendig gedacht wird, ja daß sie durch die ganze Zeit des Werdens und Seins sich immer wieder erneuern muß. Nichts ist in diesem Sinne natürlicher, als daß die Gottheit selbst die Gestalt des Menschen annimmt, die sie sich zu einer Hülle schon vorbereitet hatte, und daß sie die Schicksale desselben auf kurze Zeit teilt, um durch diese Verähnlichung das Erfreuliche zu erhöhen und das Schmerzliche zu mildern. Die Geschichte aller Religionen und Philosophien lehrt uns, daß diese große, den Menschen unentbehrliche Wahrheit von verschiedenen Nationen in verschiedenen Zeiten auf mancherlei Weise, ja in seltsamen Fabeln und Bildern der Beschränktheit gemäß überliefert worden; genug, wenn nur anerkannt wird, daß wir uns in einem Zustande befinden, der, wenn er uns auch niederzuziehen und zu drücken scheint, dennoch Gelegenheit gibt, ja zur Pflicht macht, uns zu erheben und die Absichten der Gottheit dadurch zu erfüllen, daß wir, indem wir von einer Seite uns zu verselbsten genötiget sind, von der andern in regelmäßigen Pulsen uns zu entselbstigen nicht versäumen.

Johann Wolfgang Goethe: Werke. Hamburger Ausgabe in 14 Bänden. Hrsg. von Erich Trunz. Bd. 9: Autobiographische Schriften I. Textkritisch durchges. von Lieselotte Blumenthal, komm. von Erich Trunz. München: C. H. Beck, [9]1981. S. 350–353.

11.

Die Auszüge aus dem Kapitel »Urfaust« in Rolf Christian Zimmermanns Werk *Das Weltbild des jungen Goethe* fassen wesentliche Gesichtspunkte dieser wichtigen neueren Deutung des *Urfaust* zusammen.

Im Gegensatz zu Goethes Werther ist Goethes Faust der Enthusiast, der seinem Enthusiasmus nicht zum Opfer fällt, sondern dessen Leben gerettet wird. Wo Werther endet, fängt Faust an, aber bevor ihn die Verzweiflung in den Tod treibt, kommt ihm Mephisto zu Hilfe. Welche Hilfe hat er zu bieten? Goethes Faust ist nicht mehr der Faust der Sage, wie nach allem Dargelegten wohl einleuchtet; aber da die bisherige Forschung den Faust des *Urfaust* in fast hundert Jahren nicht als den Enthusiasten erkannt hat, als der er konzipiert wurde, konnte sie auch die neue Funktion, das neubegriffene Wesen und die neu motivierte Herkunft Mephistos kaum angemessen und widerspruchsfrei erörtern. Wer Mephisto im *Urfaust* in Wirklichkeit ist und was er Faust in dessen Lage zu bedeuten hat, läßt sich dagegen aus der bisher entwickelten Analyse ganz ungezwungen dartun.

Mephisto ist in der Faustsage der Abgesandte Luzifers, der dem Wissensdurst des Gelehrten beispringt, wofür ihm dieser mit Blut seine Seele verschreibt. Daraufhin lernt Faust die ganze Welt, die Tiefen der Erde und die Höhen des Himmels kennen, um schließlich – schneller als er dachte – im greulichen Höllenrachen zu enden. Mit diesen herkömmlichen Diensten Mephistos konnte Goethe offensichtlich nichts mehr anfangen. Wie Faust nicht mehr vom Hochmut getrieben wird, so hat auch Mephisto im *Urfaust* eine ganz andere, eine nicht mehr religiös, sondern philosophisch fundierte Rolle zu spielen. Das kann man sich aus den bisher erschlossenen Zügen der neuen Dramenkonzeption rein logisch klarmachen, doch lassen sich diese Folgerungen dann mit den wenigen Andeutungen, die über Mephisto in den *Urfaust*-Text eingeflossen sind, auch Punkt für Punkt untermauern.

Halten wir noch einmal fest: in Goethes Urfaust-Konzeption begegnet uns der Held als ein Mensch, in dem die Balance der geschöpflichen Zwienatur gestört ist. Das heißt: sein göttliches Teil, die Tendenz nach dem Allgemeinen, Nicht-Individuellen, Nicht-Spezifizierten, also der Puls der Entselbstigung und Expansion, ist in diesem Faust (wie auch in Wer-

ther) ungleich stärker angelegt als das andere, irdische Teil, die Tendenz nach Selbstmanifestation, Verselbstung, Konzentration. Es ist diese unselige Disproportion der Lebenspulse, die Faust zum Enthusiasten macht, dem es auf der Erde nirgends wohl, dem es noch nicht einmal in seiner Haut wohl sein kann. Wie Werther spürt er ewig den Mangel und die Unausgeglichenheit seiner Natur, sein in unendlicher Sehnsucht nur für Augenblicke stillbares, sonst aber unbefriedigtes und in untätiger Stockung schauderndes Herz; spürt er die schleichende Entkräftung, die seiner Seele fortschreitend widerfährt, je länger sie außerstande ist, sich aus den Gegebenheiten des Irdischen mit Körper, Kleid, Hütte und Hausrat zu versehen, je grenzenloser sie statt dessen alle ihre Kräfte suchend und schmachtend an das Teilhaftigwerden des Göttlichen setzt. Das aber ist – in der Sicht auch schon des jungen Goethe – zum Tod verfluchte Unnatur. Kein Leben kann sich so in seinem beschränkten Sein erhalten; wie Werthers Lebensüberdruß ist daher auch der Fausts schon mit seiner Charakterart vorprogrammiert.
Doch wenn der Werther-Dichter diese Enthusiastenthematik im *Urfaust* nach einer ganz anderen Seite noch einmal hätte gedanklich durchspielen wollen? Wie, wenn dem Enthusiasten in dieser Welt zu helfen wäre? Und vielleicht erregender noch: könnte ihm geholfen werden, wieviel hätte er damit gewonnen? Das waren Fragen, die vom *Werther* (und Werther-Plan) aus sehr wohl in den Blick rücken und Goethes Geist in Bewegung setzen mochten! Sind wir bereits imstande, sie zu beantworten?
Nur eine einzige Hilfe kann es für Goethes Enthusiastentyp nach den aufgezeigten Prämissen geben: die Kompensation seines Mangels. Soll ein Werther überleben, so muß seinem durchs Unendliche frustrierten Selbstgefühl aufgeholfen werden. Doch wie? Seine »Müdseligkeit«, sich in der Welt auch einzurichten, zu behaupten und die eigene Befriedigung zu finden, erhöbe jedwede Stärkung seines schwächlichen irdischen Teils zum ersten Erfordernis. Man müßte ihm Unbedenklichkeit, Draufgängertum, Selbstsicherheit zureden. Ein

paar Kavalierslektionen gegen Timidität und Skrupelhaftigkeit sind vonnöten. Er muß mit allen Menschen wirklichen Umgang aufnehmen, sie gewinnen können, – wenn nicht mit angeborenen Talenten, so durch interessante Fertigkeiten und betörende Geschenke. Er muß weltfähig werden. Es muß ihm das Wenige erreichbar sein, was die Welt immerhin auch ihm zu bieten hätte. Der Blick aufs Irdische begrenzt freilich die Ziele; er macht sie aber auch greifbarer. Ob sich mit der Lust am eigenen Erfolg nicht auch beim Enthusiasten die Lust am Leben wiedereinfinden müßte? Mit solchen Überlegungen taucht hinter Werther bereits Faust auf!

Aber gibt es die Möglichkeit solcher Kompensation? Genauer gefragt: woher stammt das irdisch-konzentrative Teil des Geschöpfs? Woher müßte dem Enthusiasten also die Kraft kommen, die kompensieren könnte? Darauf jedoch stand die Antwort fest. Nach allen Überzeugungen des jungen Goethe ist die konzentrative selbstische Tendenz des Geschöpfs, die Faust und Werther fehlt, luziferische Erbschaft. Sie nämlich führt die »falsche Richtung« fort, die das erstgeschaffene Ganze der Gottheit zerstörte und die heutige Schöpfung nötig machte. Denn woher stammt die Zwienatur alles hiesigen Lebens, Konzentration und Expansion? Der finstere, schwere Erdball, in den sich Luzifer und der mit Luzifer gemeinsame Sache machende Teil der ursprünglichen Licht- und Engelwelt nach dem Fall verwandelte (nämlich: in der Richtung der Eigensucht *konzentrierte*), erhielt mit der Erschaffung der Sonne die neue und halbwegs wiedergutmachende Gnade einer expansiven Gegenrichtung: die Fähigkeit, sich auszudehnen. Seither pulst alle Schöpfung zwischen luziferischer und göttlicher Tendenz, zwischen der egozentrischen Richtung auf sich selbst und der am anderen Leben teilnehmenden Richtung auf das göttliche Ganze, dessen Gnadenzeichen die Sonne ist. Nur in diesem Doppelpuls kann die Schöpfung sich erhalten. Mit dem einen dieser Pulse (ohne doch in diesem allein ihr Wesen zu haben und ihre Genüge zu finden) bleibt sie aber auch ewig an die durch Luzifer in Gottes Kreatur gekommene Individualität und

Endlichkeit gebunden. So ist das Individuelle, Selbstische, Irdische das zu Lebensgnaden wiederaufgenommene Luziferische. Im Bunde mit seinem Gegenprinzip ist es nicht mehr das schlechthin Böse. Das ist der Haupt- und Zentralgedanke jenes mythologischen Rahmens und philosophischen Fundaments von Goethes jugendlicher Weltorientierung, jener eklektischen *philosophia perennis*, die dem jungen Goethe (wie auch den Religiösen des deutschen 18. Jahrhunderts) *systema emanativum* hieß und die er sich näher oder ferner zum naturmystischen Hauptstrom dieser Traditionen zurechtgelegt hatte.

Damit ist klar: der mit seiner Entselbstigungssehnsucht strandende Enthusiast, soll ihm weitergeholfen werden, müßte sich luziferischen Beistands versichern. Der am Göttlichen aus dem Gleichgewicht Geratene kann nur am Teuflischen wieder Halt gewinnen. Doch bleibt die Frage, ob dem Lebensüberdrüssigen überhaupt an solcher Hilfe läge, wenn sie ihm seine verleideten Tage nur noch verlängert. Und wenn ja: ob er diesen einzigen Ausweg überhaupt so einladend fände wie der tollkühne Faust der Sage, der mit allen Gottlosen wußte, daß unmäßigem Verlangen gern der *Teufel* hilft. Goethes Enthusiast ist ja wohlgemerkt nicht mehr der Gottferne, sondern der Gottnahe! Und anstatt daß er in seiner Verzweiflung noch irdischen Zielen nachjagen wollte, müßten ihm solche erst wieder schmackhaft gemacht werden.

Fesselnder noch (da sich diese Klippe wohl umschiffen ließe): was könnte der Enthusiast gewinnen, wenn er mit dem kompensatorischen Beistand einer luziferischen Hilfe sich dann wirklich weiter durchs Leben schlüge? Zweifellos wäre es doch eine unnatürliche, eine seiner mitgeborenen Individualität fremde und ungebührliche Kraft, die ihm zur Verfügung stände. Ausgeschlossen wäre damit also, daß solche Verbindung eigener expansiver Art mit äußerlich verschafftem Beistand einer selbstischen Kraft zu einem *natürlichen* Leben führen könnte. Das Leben des Enthusiasten ginge zwar weiter, aber wie eigentlich? Wenn die unnatürlich eingegangene Verbindung den Enthusiasten nur instand setzte, in den natürlichen Rhythmus eines ihm bis dahin fernen, abgewandten Lebens einzubrechen? Müßten der stärkende Beistand und die rettende Kumpanei des Luziferischen dann nicht eher Gewissensnot als Lebensglück herbeiziehen? Müßte dieser monströs wiederaufgerichtete Enthusiast mit seiner Unnatur nicht zwangsläufig die göttliche Ordnung des Lebens überall dort zerstören, wo er mit seinen verdoppelten Kräften hinzureichen trachtet? Er hätte nun Erkenntnis *und* Macht. Aber gehört es vielleicht zur göttlichen Weisheit und Ökonomie, daß ein Enthusiast nicht auch noch die fassende Kraft besitzen darf, das nur ihm erkennbare Göttliche auch zu erlangen? Ist doch die Schöpfung ein harmonisches Ganzes, das im Gleichgewicht des Oben und Unten, der expansiven und konzentrativen, der teilnehmenden und der fassenden Kräfte steht:

> Wie alles sich zum Ganzen webt,
> Eins in dem andern würckt und lebt!
> Wie Himmelskräffte auf und nieder steigen
> Und sich die goldnen Eimer reichen! (V,364)

Nun käme plötzlich der Beistand einer ungöttlichen, isolierten Kraft zusätzlich ins Spiel. Muß die Schöpfung nicht notwendig daran Schaden leiden und in ihrer Harmonie gestört werden? Würde der mit luziferischer Hilfe wiederaufgerichtete Enthusiast nicht zum Durcheinanderwerfer, ja zum Verbrecher?

Und doch: wären die Verwirrungen und Zerstörungen, die ein Enthusiast mit teuflischem Beistand anrichten könnte, nicht eine ganz und gar tragische Schuld? Bloße Folge seines kaum bestreitbaren Rechts, mit allen Mitteln, die greifbar sind, am Leben bleiben zu wollen? Wo die luziferische Kraft doch ohnehin mit zum Leben gehört! Der Enthusiast besitzt, ein Stiefkind der Natur, zu wenig von ihr und leidet darunter. Wenn sich nun einem verzweifelnden Faust der Teufel selber zur Behebung eines unverschuldeten Mangels anbietet ...? Sollte er dessen Hilfe ausschlagen, sündlos bleiben und elegisch zugrunde gehen wie Werther? Bedenklicher noch:

könnte der entgegengesetzte Entschluß schon unverzeihliche Schuld und damit Verdammnis bedeuten?

Fragen und Überlegungen solcher Art, die wir nur tastend rekonstruieren können, dürften das Gedankenexperiment in die Wege geleitet haben, das sich beim jungen Goethe mit der erneuernden Rezeption des Fauststoffs verbinden mußte und das ihn auch Mephistopheles ganz neu begreifen lehrte. Denn Antworten darauf finden sich im Text des *Urfaust* überall.

Rolf Christian Zimmermann: Das Weltbild des jungen Goethe. Studien zur hermetischen Tradition des deutschen 18. Jahrhunderts. Bd. 2: Interpretation und Dokumentation. München: Fink, 1979. S. 258–261. – Mit Genehmigung der Wilhelm Fink GmbH & Co., Verlags-KG, München.

VI. Literaturhinweise

Eine vollständige, bis 1976 geführte Faust-Bibliographie bietet Hans Henning (s. Abschn. 1); da sich die im vorliegenden Band genannten Abhandlungen und Kommentare nur auf den *Urfaust* beziehen, sind nur die Abschnitte »Faust vor Goethe« (3) und »Zur Entstehung und Deutung des *Urfaust*« (6) ausführlicher dokumentiert.

Zitierter Text und Abkürzungen

Zitiert wird nach der Ausgabe: Johann Wolfgang Goethe, *Urfaust. Goethes »Faust« in ursprünglicher Gestalt*, Nachwort von Robert Petsch, neu durchgesehene Ausgabe, Stuttgart: Reclam, 1987 (Universal-Bibliothek, Nr. 5273).

DVjs	Deutsche Vierteljahrsschrift für Literaturwissenschaft und Geistesgeschichte
Euph	Euphorion. Zeitschrift für Literaturgeschichte
GJb	Goethe-Jahrbuch
Goethe	Goethe. N. F. des Jahrbuchs der Goethe-Gesellschaft
HA	Goethes Werke. Hamburger Ausgabe (s. Abschn. 2)
HA Br.	Goethes Briefe. Hamburger Ausgabe (s. Abschn. 2)
JbFDH	Jahrbuch des Freien Deutschen Hochstifts
JEGPh	Journal of English and Germanic Philology
MLN	Modern Language Notes
MLR	The Modern Language Review
PMLA	Publications of the Modern Language Association of America
WB	Weimarer Beiträge
WW	Wirkendes Wort
ZfdA	Zeitschrift für deutsches Altertum
ZfdPh	Zeitschrift für deutsche Philologie

1. Bibliographien

Grundriß zur Geschichte der deutschen Dichtung. Begr. von Karl Goedeke. 3. Aufl. Bd. 4. Abt. 2–4: Goethe-Bibliographie [bis 1911]. Bearb. von Edmund Goetze. Dresden 1910–13. Neuausg. Berlin 1955. Nachdr. Nendeln 1975. – Bd. 4. Abt. 5: Goethe-Bibliographie 1912–1950. Bearb. von Carl Diesch und Paul Schlager. Berlin 1960. – Im Anschluß daran:

Goethe-Bibliographie 1951–1969. Bearb. von Heinz Nicolai. Jährl. in: Goethe 14/15 (1952/53) – 33 (1971).

Goethe-Bibliographie 1970 ff. Bearb. von Hans Henning. Jährl. in: GJb 89 ff. (1972 ff.).

Faust-Bibliographie. Bearb. von Hans Henning. 3 Tle. in 4 Bdn. Berlin 1966–76.

2. Goethe: Texte und Zeugnisse

Ausgaben

Goethes Faust in ursprünglicher Gestalt nach der Göchhausenschen Abschrift hrsg. von Erich Schmidt. Weimar: Böhlau, 1887. – 8. Abdr. Bearb. von Wolfgang von Oettingen. Ebd. 1915.

Der Urfaust. Goethes Faust in ursprünglicher Gestalt. Hrsg. und eingel. von Robert Petsch. Leipzig: Reclam, 1911 [u. ö.]. (Universal-Bibliothek. 5273.) – Neuausg. [Textrevision nach dem 8. Abdr. der Edition von Schmidt / v. Oettingen.] Stuttgart: Reclam, 1955 [u. ö.]. (Universal-Bibliothek. 5273.) – Urfaust. [. . .] Nachw. von Robert Petsch. Neu durchges. Ausg. [Mit editorischem Bericht zur Textgrundlage und Textgestalt.] Ebd. 1987.

Goethes Werke. [Weimarer Ausgabe.] Hrsg. im Auftrage der Großherzogin Sophie von Sachsen. (Abt. 1: Werke. Abt. 2: Naturwissenschaftliche Schriften. Abt. 3: Tagebücher. Abt. 4: Briefe.) 133 Bde. (in 143 Tln.). Weimar: Böhlau, 1887–1919. Nachdr. München: Deutscher Taschenbuch Verlag, 1987. – Abt. 1, Bd. 39, S. 217–319: Faust. In ursprünglicher Gestalt. Bearb. von Erich Schmidt. 1897.

Goethes Sämtliche Werke. Jubiläums-Ausgabe. Hrsg. von Eduard von der Hellen. Bd. 13. 14: Faust. Mit Einl. und Anm. von Erich Schmidt. Stuttgart/Berlin: J. G. Cotta [1903–06].

Goethes Werke. Festausgabe. Kritisch durchges. Ausg. mit Einl. und

Erl. Hrsg. von Robert Petsch. Bd. 5: Dramen I: Faust. Bearb. von Robert Petsch. Leipzig: Bibliographisches Institut, 1926.

Goethes Werke. Hamburger Ausgabe in 14 Bänden. Hrsg. von Erich Trunz. Hamburg: Wegner, 1948–64. [Überarb. Neuaufl. einzelner Bde. 1952 ff.; seit 1972 München: C. H. Beck.] – Bd. 3: Dramatische Dichtungen I. (Faust. Der Tragödie erster Teil – Der Tragödie zweiter Teil – Faust in ursprünglicher Gestalt (Urfaust).) Textkritisch durchges. und komm. von Erich Trunz. 1949. 13., neubearb. und erw. Aufl. 1986.

Goethe. Gedenkausgabe der Werke, Briefe und Gespräche. [Artemis-Gedenkausgabe.] Hrsg. von Ernst Beutler. 24 Bde., 3 Erg.-Bde. Zürich: Artemis Verlag, 1948–71. – Bd. 5: Die Faustdichtungen. Hrsg. von Ernst Beutler. 1950. 3. Aufl. (Zürich/München) 1977.

Werke Goethes. [Akademie-Ausgabe.] Hrsg. von der Deutschen Akademie der Wissenschaften zu Berlin unter Ltg. von Ernst Grumach. [Werkreihe ohne Bd.-Zählung.] Berlin: Akademie-Verlag, 1952 ff. – [Bd. 5:] Faust. 1. Urfaust – Faust. Ein Fragment. (Paralleldruck.) [Beilage: Faks. der Göchhausenschen Hs.] Bearb. von Ernst Grumach. 1954. – Erg.-Bd. 3: Urfaust – Faust. Ein Fragment – Faust. Der Tragödie erster Teil. (Paralleldruck.) Bearb. von Ernst Grumach und Inge Jensen. 1958.

Goethe. Berliner Ausgabe. [Abt. 1:] Poetische Werke. Hrsg. von Siegfried Seidel. 16 Bde. Berlin: Aufbau-Verlag, 1960–68. – Bd. 8: Dramatische Dichtungen 4: Faust. Bearb. von Gotthard Erler. 1965. 2. Aufl. (Berlin/Weimar) 1973.

Der junge Goethe. Neu bearb. Ausg. in 5 Bänden. Hrsg. von Hanna Fischer-Lamberg. Bd. 5: Januar – Oktober 1775. Berlin/New York: de Gruyter, 1973. [S. 272–351: Urfaust.]

Johann Wolfgang von Goethe: Urfaust – Faust. Ein Fragment – Faust. Eine Tragödie. Paralleldruck der drei Fassungen. Hrsg. von Werner Keller. 2 Bde. Frankfurt a. M.: Insel Verlag, 1985.

Goethes Briefe. Hamburger Ausgabe in 4 Bänden. Hrsg. von Karl Robert Mandelkow. Hamburg: Wegner, 1962–67. [Überarb. Neuaufl. einzelner Bde. 1968 ff.; seit 1976 München: C. H. Beck.]

Zeugnisse

Goethes Gespräche. Eine Sammlung zeitgenössischer Berichte aus seinem Umgang. Auf Grund der Ausgabe und des Nachlasses von Flodoard Freiherrn von Biedermann erg. und hrsg. von Wolfgang Herwig. 4 Bde. (in 5 Tln.), 1 Reg.-Bd. Zürich/München 1965–87.

Goethe über seine Dichtungen. Versuch einer Sammlung aller Äußerungen des Dichters über seine poetischen Werke. Hrsg. von Hans Gerhard Gräf. 3 Tle. (in 9 Bdn.). Frankfurt a. M. 1901–14. Nachdr. Darmstadt 1968.

Steiger, Robert: Goethes Leben von Tag zu Tag. Eine dokumentarische Chronik. Bd. 1: 1749–1775. Zürich/München 1982.

3. Faust vor Goethe

Texte

Das Faustbuch nach der Wolfenbüttler Handschrift. Hrsg. von H[arry] G. Haile. Berlin 1963. (Philologische Studien und Quellen. 14.)

Das Volksbuch vom Doctor Faust. Nach der ersten Ausgabe, 1587. Hrsg. von Robert Petsch. Halle 1911. (Neudrucke deutscher Litteraturwerke des 16. und 17. Jahrhunderts. 7. 8. 8a. 8b.)

Historia von D. Johann Fausten. Neudruck des Faustbuches von 1587. Hrsg. und eingel. von Hans Henning. Halle 1963. Leipzig [3]1984.

Historia von D. Johann Fausten. Text des Druckes von 1587. Kritische Ausg. Mit den Zusatztexten der Wolfenbütteler Handschrift und der zeitgenössischen Drucke. Hrsg. von Stephan Füssel und Hans Joachim Kreutzer. Stuttgart 1988. (Reclams Universal-Bibliothek. 1516[5].)

Christopher Marlowe: The Tragical History of Doctor Faustus. In: Marlowe's Plays and Poems. Ed. by Maurice R. Ridley. London 1955. (Everyman's Library. 383.)

– Die tragische Historie vom Doktor Faustus. Dt. Fass., Nachw. und Anm. von Adolf Seebass. Stuttgart 1964 [u. ö.]. (Reclams Universal-Bibliothek. 1128.)

Georg Rudolf Widmann: Die warhafftigen Historien von [...] D. Johannes Faustus [...] Hamburg 1599. In: Das Kloster. Weltlich und geistlich. Hrsg. von J. Scheible. Bd. 2. Stuttgart 1846. S. 273–804.

– D. Johannes Faustus. Faksimiledruck der ersten Ausgabe. Hamburg 1599. Mit einem Nachw. von Gerd Wunder. Schwäbisch Hall 1978.

– Fausts Leben [in der Bearbeitung von Johann Nicolaus Pfitzer,

Nürnberg 1764]. Hrsg. von Adelbert von Keller. Tübingen 1880. (Bibliothek des Litterarischen Vereins in Stuttgart. 146.) Nachdr. Hildesheim / New York. 1976.

Das Faustbuch des Christlich Meynenden. Nach dem Druck von 1725 hrsg. von Siegfried Szamatólski. Leipzig 1891. (Deutsche Litteraturdenkmale des 18. und 19. Jahrhunderts. 39.) Nachdr. Nendeln 1968.

Das Faustbuch des Christlich Meynenden von 1725. Faksimile-Edition des Erlanger Unikats mit Erläuterungen und einem Nachwort. Hrsg. von Günther Mahal. Knittlingen 1983.

Doctor Fausti Weheklag. Die Volksbücher von D. Johann Fausten und Christoph Wagner. Hrsg. von Helmut Wiemken. Bremen 1961.

Faust auf der Volksbühne, in den Puppen- oder Marionettenspielen. In: Das Kloster. Weltlich und geistlich. Hrsg. von J. Scheible. Bd. 5. Stuttgart 1847. S. 649–1027.

Doctor Johannes Faust. Puppenspiel in vier Aufzügen. Hergest. von Karl Simrock. Frankfurt a. M. 1846. – Neudr. Nach der Ausg. von 1872 hrsg., eingel. und um weitere Puppenspieltexte verm. von Robert Petsch. Leipzig [1923]. (Reclams Universal-Bibliothek. 6378/79.)

Gotthold Ephraim Lessing: D. Faust – Die Matrone von Ephesus. Fragmente. Hrsg. von Karl S. Guthke. Stuttgart 1968 [u. ö.]. (Reclams Universal-Bibliothek. 6719.)

Literatur

Baron, Frank: Faustus. Geschichte, Sage, Dichtung. München 1982.

Creizenach, Wilhelm: Versuch einer Geschichte des Volksschauspiels vom Dr. Faust. Halle 1878.

Dédéyan, Charles: Le thème de Faust dans la littérature européenne. 2 Bde. Paris 1954–55.

Geiges, Leif: Faust's Tod in Staufen. Sage – Dokumente. Freiburg ²1981.

Henning, Hans: Das Faustbuch von 1587. Seine Entstehung, seine Quellen, seine Wirkung. In: WB 6 (1960) S. 26–57.

– Faust in fünf Jahrhunderten. Ein Überblick zur Geschichte des Faust-Stoffes vom 16. Jahrhundert bis zur Gegenwart. Halle 1963.

Kiesewetter, Carl: Faust in der Geschichte und Tradition. Mit besonderer Berücksichtigung des occulten Phänomenalismus und des mittelalterlichen Zauberwesens. Leipzig 1893. Nachdr. Hildesheim / New York 1978.

Könneker, Barbara: Faust-Konzeption und Teufelspakt im Volksbuch von 1587. In: Festschrift Gottfried Weber. Hrsg. von Heinz Otto Burger und Klaus von See. Bad Homburg / Berlin / Zürich 1967. S. 159–213.
Mahal, Günther: Faust. Die Spuren eines geheimnisvollen Lebens. Bern/München 1980.
Meyer-Benfey, Heinrich: Lessings Faustpläne. In: GRM 12 (1924) S. 78–88.
Müller, Günther: Geschichte der deutschen Seele. Vom Faustbuch zu Goethes Faust. Freiburg i. Br. 1939. Nachdr. Darmstadt 1962.
Palmer, Philip M. / More, Robert P.: The Sources of the Faust Tradition from Simon Magus to Lessing. New York 1936.
Petsch, Robert: Faustsage und Faustdichtung. [Aufsätze aus der Zeit 1907–24.] In: R. P.: Gehalt und Form. Gesammelte Abhandlungen zur Literaturwissenschaft und zur allgemeinen Geistesgeschichte. Dortmund 1925. S. 225–459. Nachdr. als Buchausg. Ebd. 1966.
Pniower, Otto: Pfitzers Faustbuch als Quelle Goethes. In: ZfdA 57 (1920) S. 248–266.
Richert, Hans Georg: Marlowes Faust-Konzeption. Ein Vergleich mit der Quelle. In: Colloquia Germanica 12 (1979) S. 28–60.
Schwerte, Hans: Faustus Icarus. Flugsehnsucht und Flugversuche in der Faust-Dichtung von der Historia bis zu Goethes Tragödie. In: GJb 103 (1986) S. 302–315.

4. Bezüge des *Urfaust*

Wo nicht anders vermerkt, stammen die Übersetzungen der fremdsprachigen Zitate vom Verfasser.

Bezüge zu Magie, Mystik, Hermetismus

Agrippa von Nettesheim, Heinrich Cornelius: De incertitudine et vanitate scientiarum atque artium (1530). – Dt. in: A. v. N.: Die Eitelkeit und Unsicherheit der Wissenschaften [...]. Hrsg. [und übers.] von Fritz Mauthner. 2 Bde. München 1913. Nachdr. Wiesbaden 1969.
– De occulta philosophia sive de magia (1531). – Dt. in: Heinrich Cornelius Agrippa's von Nettesheim Magische Werke. Zum ersten Male vollständig in's Deutsche übersetzt. 5 Tle. in 1 Bd. Wiesbaden [1982]. (Nachdr. der Ausg. Stuttgart 1855–56.) [Zit. als: *Magische Werke.*]

Agrippa von Nettesheim, Heinrich Cornelius: Opera. 2 Bde. Hildesheim / New York 1970. (Nachdr. der Ausg. Lyon [um 1600].)

Helmont, Franciscus Mercurius van: Paradoxal Discourse, oder Ungemeine Meynungen von dem Macrocosmo und Microcosmo. Hamburg 1691.

James I., King: Daemonologie. New York 1966. (Nachdr. der Ausg. Edinburgh 1597.)

Kern, Otto: Orphicorum fragmenta. Berlin 1922.

Oetinger, Friedrich Christoph: Swedenborgs irdische und himmlische Philosophie. Hrsg. von Karl Chr. Eberhard Ehmann. Neu hrsg. von Erich Beyreuther. Stuttgart 1977. (Nachdr. der Ausg. Stuttgart 1858.)

Paracelsus, Theophrastus: Werke. Besorgt von Will-Erich Peuckert. Bd. 3–5. Darmstadt 1967–68. [Zit. als: *Werke*.]

Welling, Georg von: Opus mago-cabbalisticum et theosophicum. Homburg v. d. H. 1735.

Literatur zum Feld der Bezüge

Bartscherer, Agnes: Paracelsus, Paracelsisten und Goethes Faust. Eine Quellenstudie. Dortmund 1911.

– Zur Kenntnis des jungen Goethe. Dortmund 1912.

Beutler, Ernst: Die Kindsmörderin. In: E. B.: Essays um Goethe. Bremen [6]1962. S. 87–101.

Burdach, Konrad: Das religiöse Problem in Goethes Faust. In: Euph 33 (1932) S. 3–83.

Errante, Vincenzo: Musik und Malerei in Goethes Kunst. Dargestellt an Faust I: »Auerbachs Keller«. Aus dem Ital. von Ernst W. Junker. In: Thema [Jg. 1] (1949) H. 2. S. 39–42.

Fowler, Frank M.: Goethe's Faust and the Medieval Sequence. In: MLR 71 (1976) S. 839–845.

Gaier, Ulrich: Nachwirkungen Oetingers in Goethes »Faust«. In: Pietismus und Neuzeit 10 (1984) S. 90–123.

Gillies, Alexander: The Macrocosmos Sign in Goethe's Faust and Herder's Mystic Hexagon. In: MLR 36 (1941) S. 397–399.

Gollwitzer, Gerhard: Die Geisterwelt ist nicht verschlossen. Swedenborgs Schau in Goethes Faust. Stuttgart [1968].

Jacobi, Günther: Herder als Faust. Leipzig 1911.

Jantz, Harold: Faust's Vision of the Macrocosm. In: MLN 68 (1953) S. 348–351.

Jantz, Harold: Goethe's Faust as a Renaissance Man. Parallels and Prototypes. Princeton 1951.
Kluge, Ingeborg: Wissenschaftskritik in Goethes »Faust«. Frankfurt a. M. 1982.
Koch, Franz: Goethe und Plotin. Leipzig 1925.
Mahl, Bernd: Goethes ökonomisches Wissen. Frankfurt a. M. / Bern 1982.
Morris, Max: Swedenborg im Faust. In: Euph 6 (1899) S. 491–510.
Neubert, Franz: Vom Doctor Faustus zu Goethes Faust. Mit 595 Abb. Leipzig 1932.
Petriconi, Hellmuth: Die verführte Unschuld. Bemerkungen über ein literarisches Thema. Hamburg 1953.
Pniower, Otto: Goethes Faust und das Hohe Lied. In: GJb 13 (1892) S. 181–198.
Rameckers, J[an] Matthias: Der Kindesmord in der Literatur der Sturm- und Drang-Periode. Ein Beitrag zur Kultur-Geschichte des 18. Jahrhundert. Rotterdam 1927.
Rotermund, Hans-Martin: Zur Kosmogonie des jungen Goethe. In: DVjs 28 (1954) S. 472–486.
Saran, Franz: Goethes Mahomet und Prometheus. Halle 1914.
Storck, Willy: Goethes Faust und die bildende Kunst. Leipzig 1912.
Wachsmuth, Andreas B.: Goethe und die Magie. In: Goethe 8 (1943) S. 98–114, 215–231.
– Die Magia naturalis im Weltbilde Goethes. In: Goethe 19 (1957) S. 1–27.
Wächtershäuser, Wilhelm: Das Verbrechen des Kindesmords im Zeitalter der Aufklärung. Berlin 1973.
Walker, Daniel P.: Spiritual and Demonic Magic from Ficino to Campanella. London 1958.
Zimmermann, Rolf Christian: Das Weltbild des jungen Goethe. Studien zur hermetischen Tradition des deutschen 18. Jahrhunderts. 2 Bde. München 1969–79.

5. Kommentare

Arens, Hans: Kommentar zu Goethes Faust I. Heidelberg 1982.
Buchwald, Reinhard: Führer durch Goethes Faustdichtung. Erklärung des Werkes und Geschichte seiner Entstehung. Stuttgart [8]1983.

Düntzer, Heinrich: Goethe's Faust. Erster und zweiter Teil. Zum erstenmal vollständig erläutert. 2 Tle. Leipzig 1850–51.
Fischer, Kuno: Goethes Faust. 3 Bde. Heidelberg 1902–03.
Friedrich, Theodor / Scheithauer, Lothar: Kommentar zu Goethes Faust. Mit einem Faust-Wörterbuch und einer Faust-Bibliographie. Stuttgart 1974 [u. ö.]. (Reclams Universal-Bibliothek. 7177[5].)
Gaier, Ulrich: Goethes Faust-Dichtungen. Ein Kommentar. Bd. 1: Urfaust. Stuttgart 1989.
Krogmann, Willy: Goethes Urfaust. Berlin 1933. Nachdr. Nendeln 1967.
Loeper, G[ustav] von Faust. Eine Tragödie von Goethe. Mit Einl. und erkl. Anm. von G. von Loeper. 2. Bearb. 2 Tle. Berlin 1879.
Minor, Jacob: Goethes Faust. Entstehungsgeschichte und Erklärung. Bd. 1: Der Urfaust und das Fragment. Stuttgart 1901.
Morris, Max Der junge Goethe. Neue Ausg. in 6 Bänden. Besorgt von Max Morris. Bd. 5. 6. Leipzig 1911–12. [Bd. 5, S. 361–445: Urfaust; Bd. 6, S. 530–549: Kommentar.]
Requadt, Paul: Goethes »Faust I«. Leitmotiv und Architektur. München 1972.
Rickert, Heinrich: Goethes Faust. Die dramatische Einheit der Dichtung. Tübingen 1932.

6. Zur Entstehung und Deutung des *Urfaust*

Ammerlahn, Hellmuth: Goethe und Gretchens Lied vom Machandelboom. Zur Symbolik des dichterischen Schaffensprozesses. In: Akten des 6. Internationalen Germanisten-Kongresses, Basel 1980. Hrsg. von Heinz Rupp und Hans-Gert Roloff. Bd. 4. Bern / Frankfurt a. M. / Las Vegas 1980. S. 338–344.
Atkins, Stuart: A Reconsideration of some Misunderstood Passages in the ›Gretchen Tragedy‹ of Goethe's Faust. In: MLR 48 (1953) S. 420–434.
Binder, Wolfgang: Die Einheit der Faustgestalt im Urfaust. In: WW 33 (1983) H. 1. S. 4–18.
Böhm, Wilhelm: Faust der Nichtfaustische. Halle 1933.
Browning, R. M.: On the Structure of the »Urfaust«. In: PMLA 68 (1953) S. 458–495.
Bub, Douglas F.: Vision and Revelation in Goethe's Faust. In: MLN 88 (1973) S. 598–602.

Burger, Heinz Otto: Motive, Konzeption, Idee – das Kräftespiel in der Entwicklung von Goethes Faust. In: DVjs 20 (1942) S. 17 bis 64.

Collin, Josef: Goethes Faust in seiner ältesten Gestalt. Frankfurt a. M. 1896.

Dieckmann, Friedrich: Annäherungen an Urfaust. In: Sinn und Form 36 (1984) S. 853–859.

Doke, Tademichi: Faustdichtungen des Sturm und Drang. In: Goethe 37 (1970) S. 29–50.

Emmel, Hildegard: Weltklage und Bild der Welt in der Dichtung Goethes. Bern / Frankfurt a. M. / Las Vegas ²1979.

Endres, Franz Carl: Symbolik von Goethes Faust. Eine Einführung. Zürich/Leipzig/Stuttgart 1932.

Goebel, Julius: Goethes Quelle für die Erdgeistscene. In: JEGPh 8 (1909) S. 1–17.

Graffunder, P.: Der Erdgeist und Mephistopheles in Goethes Faust. In: Preußische Jahrbücher 68 (1891) H. 5. S. 700–725.

Graham, Ilse: »Geeinte Zwienatur«? On the Structure of Goethe's Urfaust. In: Tradition and Creation. Essays in Honour of Elizabeth Mary Wilkinson. Ed. by Charles Ph. Magill, Brian Rowby and Christopher Smith. Leeds 1978. S. 131–145.

Grumach, Ernst: Zur Erdgeistszene. In: Goethe 14/15 (1952/53) S. 92–104.

Gundolf, Friedrich: Goethe. Berlin 1916.

Hamm, Heinz: Goethes »Faust«. Werkgeschichte und Textanalyse. Berlin 1978.

Harnack, Otto: Zur Prosaszene des Faust. In: Euph 8 (1901) S. 681–684.

Liebich, Gert: Faust und Mephisto im »Urfaust«. Einführung der Gestalten und Konfliktdisposition. Diss. Leipzig 1975.

Lukács, Georg: Die Gretchen-Tragödie. In: Aufbau 2 (1946) H. 9. S. 904–916.

Mahal, Günther: Mephistos Metamorphosen. Fausts Partner als Repräsentant literarischer Teufelsgestaltung. Göppingen 1972.

Mason, Eudo C.: The ›Erdgeist‹ Controversy Reconsidered. In: MLR 5 (1960) S. 66–78.

Mayer, Hans: Der Famulus Wagner und die moderne Wissenschaft. In: Gestaltungsgeschichte und Gesellschaftsgeschichte. Hrsg. von Helmut Kreuzer. Stuttgart 1969. S. 176–200.

Morris, Max: Die Form des Urfaust. In: M. M.: Goethe-Studien. Bd. 1. Berlin ²1902. S. 1–12.

Müller-Seidel, Walter: Komik und Komödie in Goethes »Faust«. In:

Das deutsche Lustspiel. Hrsg. von Hans Steffen. Bd. 1. Göttingen 1968. S. 94–119.
Niejahr, Johannes: Kritische Untersuchungen zu Goethes Faust. In: Euph 4 (1897) S. 272–287, 489–508.
Nollendorfs, Valters: Der Streit um den Urfaust. Den Haag 1967.
Persichino, Salvatore: Dall' »Urfaust« al »Faust«. Introduzione a una letteratura storiofilologica del »Faust« di Goethe. Florenz 1973.
Petsch, Robert: Beiträge zur Erklärung des Urfaust. In: R. P.: Gehalt und Form. Gesammelte Abhandlungen [...]. Dortmund 1925. S. 307–332.
Pütz, Peter: Faust und der Erdgeist. In: Untersuchungen zur Literatur als Geschichte. Festschrift für Benno von Wiese. Hrsg. von Vincent J. Günther, Helmut Koopmann [u. a.]. Berlin 1973. S. 171–181.
Reich, Helgard: Die Entstehung der ersten fünf Szenen des Goetheschen »Urfaust«. München 1968.
Rickert, Heinrich: Der Erdgeist in Goethes Faust und die Erdgeisthypothese. In: JbFDH 1930. S. 9–130.
Roethe, Gustav: Goethe. Gesammelte Vorträge und Aufsätze. Berlin 1932.
Saran, Franz: Die Einheit des ersten Faustmonologs. In: ZfdPh 30 (1898) S. 508–548.
Sarauw, Christian: Die Entstehungsgeschichte des Goetheschen Faust. Kopenhagen 1918.
Scheibe, Siegfried: Bemerkungen zur Entstehungsgeschichte des frühen »Faust«. In: Goethe 32 (1970) S. 61–71.
Scherer, Wilhelm: Aufsätze über Goethe. Berlin 1886.
Schneider, Ferdinand Josef: Goethes Satyros und der Urfaust. Halle 1949.
Schneider, Hermann: Urfaust? Eine Studie. Tübingen 1949.
Schwerte, Hans: Faust und das Faustische. Ein Kapitel deutscher Ideologie. Stuttgart 1962.
Steffensen, Steffen: Makrokosmoszeichen und Erdgeist in Goethes Faust. In: Kopenhagener germanistische Studien 1 (1969) S. 186–197.
Vischer, Friedrich Theodor: Goethes Faust. Stuttgart ^{2}1920.
Weber, Eberhard: Der Erlösungsgedanke im Goetheschen Urfaust. Diss. Rostock 1933.
Weill Holesovsky, Hanne: Heinrich Faust. Zur Abweichung von der Tradition bei Goethe. In: JbFDH 1978. S. 165–172.